湖北寺观古钟调查与研究

庾 华——编著

文物出版社

图书在版编目（CIP）数据

湖北寺观古钟调查与研究 / 庹华编著. -- 北京：
文物出版社, 2024. 9. -- ISBN 978-7-5010-8556-9

I. K875.54

中国国家版本馆CIP数据核字第2024WF3942号

湖北寺观古钟调查与研究

编　　著：庹　华

责任编辑：许海意
责任印制：王　芳

出版发行：文物出版社
社　　址：北京市东城区东直门内北小街2号楼
邮　　编：100007
网　　址：http://www.wenwu.com
邮　　箱：wenwu1957@126.com
经　　销：新华书店
印　　刷：北京荣宝艺品印刷有限公司
开　　本：889mm×1194mm　1/16
印　　张：14.25
版　　次：2024年9月第1版
印　　次：2024年9月第1次印刷
书　　号：ISBN 978-7-5010-8556-9
定　　价：260.00元

编委会

编　著

庚　华

撰稿人

庚　华　李书蓓　雷欣畅　于红鹂

周保荣　罗　莹　阳依霖　袁　利

目录

序

在中国五千多年绵延不绝的文明发展史上，钟无疑是极具代表性的器物。它起源于新石器时代中晚期的陶铃。新石器时代末期，诸如山西襄汾陶寺遗址铜铃等早期钟铃文物的出现，昭示着其所具有的特殊宗教意义。此类文物在诸多考古学文化中扮演着重要角色。先商时代的铜铃形制规整，合瓦形的腔体开始流行。其后，商代青铜钟铃类乐器不仅在数量和种类上有所增加，还出现了编组，其作为礼器的功用得到彰显并进一步强化。西周代商后"封建亲戚，以藩屏周"，以"钟鸣鼎食"为核心的礼乐文化得以正式确立和发展，编钟的礼乐教化功能自此被固定下来，并被一直严格地执行到了西汉。东汉时期，随着佛教的传入，钟的功能发生了重大变化。除传统的乐器功能外，它主要成为融入佛教事务的重要物质载体，进而形成了独立的佛寺钟，更在其后的历史进程里被道教引入，发展出特色鲜明的道观钟，佛道的创新最终催生了独特的寺观钟体系。寺观钟的出现，实现了乐钟由贵族阶层向普罗大众的使用者转变，在中华文明中获得了崭新的传承形式。

湖北位于中国中部、长江中游，是中华文明两大主源之一——长江文明的重要起源地。独有的地理位置、自然环境造就了湖北文化的特殊性和天然的融合性与创新性。自距今 200 万年左右的建始人起，到距今 100 万年左右的郧县人、20 万年左右的长阳人、10 万年左右的黄龙洞人、5 万年左右的汉阳人，湖北拥有几近完整的古人类起源演进序列。进入新石器时代后，湖北从"满天星斗"式的多元文化分区过渡至屈家岭—石家河文化的"统一"，最终将新石器时代晚期长江中游的区域性文明推升到鼎盛。随着强势的王湾三期文化南下，湖北最终融入了以中原为核心的文化体系。夏商时期，湖北是中原王朝的"南土"，众多的方国被分封于此，与蛮、濮、越等族群杂处。两周时期，曾、楚两国先后主导周王朝南境，经略南国，成为南方"霸主"。截至目前，考古发现的曾、楚编钟已达 20 余套，且大多铸刻铭文。从西周早期首次出现镈钟且编列数量最多的曾侯犺编钟，到西周中晚期的楚季宝、楚公逆、楚公编钟，再到春秋早期五正声首次齐备的郭家庙 M30 编钟，后又有春秋中晚期的曾公求、楚王孙诰等编钟和战国早期跨五个半八度、十二律齐备的曾侯乙编钟，诸如此类编钟文物皆为周代礼乐文化的典型代表，确立了先秦时期湖北地域乐钟文化发展的高峰地位，这或许在冥冥之中成为后期寺观钟在湖北蓬勃发展的历史积淀。据初步研究，寺观钟的钟纽很可能就源自早期乐钟的镈钟。

东汉时期，佛教传入中国。进入六朝时期后，佛教在长江流域得到了快速发展。一般认为，佛教的东传有两条线路，一条是由西域传入中原，再南传到达湖北和长江中下游；一条是经由印度进入中国西南地区，沿长江向中下游传播，两条线路的汇合点恰好就在湖北。至迟在三国初期，湖北已经出现了关于佛教活动的文献记载和诸多佛教实物佐证，典型文物案例有：被认为是中国迄今发现最早的"浮屠祠"的襄阳菜越一号墓釉陶楼、鄂州吴墓佛像镜及陶、瓷佛像和武昌莲溪寺永安五年（262 年）佛像铜牌。同时，由于当政者的提倡与支持，湖北地区佛寺昌隆，进而成为众多高僧的聚集地，孙吴东晋时期的支谦、维祇难、竺将炎、康僧会和释道安等僧侣一时活跃于荆楚大地，开启了佛教中国化的进程。当时，鄂州、襄阳、荆州等城市先后成为具有全国影响力的佛教中心。多种有利因素为佛寺钟的发轫创造了条件，铸造于赤乌二年（239 年）的"赤乌钟（佚）"便是迄今为止所见寺观钟的最早资料，也是荆楚地区作为中国寺观钟早期策源地的直接证据。

隋唐时期，湖北当阳成为佛教重镇，玉泉寺跃升为天台宗的开派之地，影响深远。有唐一代，道信、弘忍大师在湖北黄梅传法，中国的禅宗正式形成。佛教重镇的确立与佛教寺院的大规模建设，使佛寺钟的铸造和使用不断发展壮大。尽管湖北的佛教地位在唐末五代以后有所下降，但湖北地区的佛教信仰依然具有深厚土壤，佛寺建筑遍布荆湖大地。据第三次全国文物普查统计，湖北的佛寺遗址及古建筑总量超过 400 处，佛寺钟的铸造和使用也由此达到了不小的规模。

西汉早期，产生于楚地的道家思想一度成为汉王朝的治国精神，得道成仙的神仙道教信仰在社会上广为流传，这些题材在湖北地区出土的画像石、画像砖及铜镜等西汉文物上已不鲜见。东汉时期，以道家思想为本的道教教义正式形成，作为本土宗教的道教得以迅速传播。佛教传入后开启的中国化进程实际也是佛、道、儒三教相互融合的过程，三教的部分仪轨亦在该进程中实现了通用，钟的使用就是其重要表现。值得一提的是，道教在明代广为皇室推崇，作为道教圣地的湖北武当山因而得到了大规模的修葺，并成为之后中国道教的活动中心，湖北道观钟的铸造和使用自此达到顶峰。

基于此，《湖北寺观古钟调查与研究》就具有特殊意义。该书主要通过实地调查的形式对湖北依然留存的寺观钟进行考察，共收录宋至清代铜、铁质寺观钟43口，详细介绍了这些寺观钟的所在位置、材质、年代、形制、尺寸、装饰纹样、铭文内容等。同时，结合传世文献整理了7口寺观钟的资料，是实地调查的有效补充。此外，本书还开展了多项专题研究，既有建构在全国范围内湖北寺观钟发展的宏观研究，也有分时代考察湖北寺观钟的中观研究，更多的则是对单一寺观钟形制、纹饰、铭文及历史或社会背景、信仰考察等方面的微观研究。可以说，该书是汇聚多次调研资料整理的重要成果，也是湖北寺观钟调查与研究的集大成之作。虽然该书调查收录的寺观钟尚有遗漏，如应城博物馆藏清康熙"大悲咒"铜钟等，专题研究还有待进一步深入，但瑕不掩瑜。

由于本书选题方向非本人所长，为其作序实感力不从心，仅能以微薄的学术积淀勉力为之，不当之处敬请批评指正。

王先福

湖北省博物馆研究馆员

绪论：寺观与古钟

　　钟（bell）是铜、铁等金属材质制成的响声器具，它是传递信息的信号工具、演奏旋律的乐器、沟通神灵的法器以及按时鸣响的报时器。

　　欧洲用钟历史悠久，体量较小的小手铃是西洋钟的祖型，被早期传教士用来召集信众做礼拜。公元 400 年前后，坎帕尼亚（Campania）诺拉（Nola）主教保利努斯（Paulinus）将铃铛引入基督教教堂，约 150 年后，铃铛被引入法国、意大利以及英国，得以广泛采用。公元 750 年前后，牧师在葬礼中鸣响丧钟已十分普遍。10 世纪后期，教堂悬挂并鸣钟的制度在英国教堂迅速普及成为定制。14 世纪以前，也就是在亨利八世统治和新教改革之前，大多数教堂和修道院悬挂钟的方式都很简单，即将钟固定在棒槌形的木片上，拉绳敲击。此后，为了更好地控制钟的摆动，钟的悬挂方式不断改进，钟被尝试安装在轮子上，直到 17 世纪中叶出现能够发出有序变化声音的钟。费边·斯特德曼（Fabian Stedman）和理查德·达克沃斯（Richard Duckworth）于 1668 年出版的《Tintinnalogia, or, the Art of Ringing》（《丁丁历法或铃声的艺术》）一书阐述了这种更加复杂的鸣钟装置：敲钟过程中，钟的位置不断交错变动，从而发出有节律的声音。斯特德曼（Fabian Stedman）亦因此被称为"现代敲钟之父"。18 世纪以后，用钢丝联动、由木制键盘控制的能够表现复杂音乐旋律的西洋钟琴不断发展和完善。

　　铸钟、鸣钟是世界范围内普遍存在的人类文化现象。在西方社会，不仅教堂钟楼的钟声传遍欧美城乡，广布天主教和基督教所播及的角落，世俗社会的钟楼也竞相矗立于城市的广场、市场、码头等公共场域，与教堂钟楼遥相呼应，成为近现代欧洲都市的重要人文景观。钟声不仅飘荡在城市上空，更随着远洋航行的船舶飘向海洋深处。以英国为例，聆听钟声深深根植于英伦文化之中，几乎每个人居住的环境里都能够听到钟声。钟声是英国人日常生活的重要信号，他们在钟声中醒来、祈祷、工作、欢庆以及武装团结应对危机，甚至为了驱邪而在死刑者临刑时敲响大钟。钟声洪亮而悠远，钟声神圣而神秘，钟由集众、报时的工具演化为王权、神权的象征，最终成为"自由和平"的象征出现在 2012 年伦敦奥运会开幕仪式上。

中国同样有着悠久而独特的铸钟、鸣钟历史。河南郑州大河村、河南陕州庙底沟、陕西长安客省庄斗门镇以及湖北天门石家河等地的考古资料显示，早在仰韶文化、龙山文化、石家河文化等史前遗址中就曾有陶土质地的钟形器，可视为中国钟类器物的远古鼻祖。山西襄汾陶寺遗址出土了中国最早的铜铃，出土资料显示该铜铃系挂在一个约 45 岁男子的腰间，引起学者们关于男子身份和铜铃用途的多种猜想。其中一种观点认为，铜铃可能是身份地位非同寻常的巫觋持有的法器，其近似合瓦的腔体形状也似乎暗示中国钟铃的发展走向。河南二里头文化遗址出土的夏商时期铜铃已经相当成熟，器形规整，腔体呈合瓦形，一侧带有扉棱，内悬玉质铃舌。商代的钟形器更加丰富多样，以殷墟遗址为中心出土的体量较小的"中原编铙"和小铜铃，以湘江流域、赣江流域为中心出土的大体量"南方大铙"，还有江西新干大洋洲遗址出土的镈钟，都表明商代青铜文化的崛起带动了钟形器的发展。众所周知的西周礼乐制度催生了以编钟为主导的青铜乐钟的繁荣，包括甬钟、纽钟、镈钟、钲、铙、铎、勾鑃、錞于和小编铃等各类钟形器，广泛用于宴飨、征战、祭祀以及丧葬。秦汉时期，中原地区的青铜礼乐文化逐渐衰落，而西南边陲却对此加以吸收和发展，孕育出了地域特色鲜明的茧形钟与羊角纽钟。由此看来，汉代之前，钟在中国已有3000 多年的发展史，青铜质地、合瓦形腔体及其礼乐文化背景共同构成了该阶段钟类器物的综合性特征。

在中国历史上，钟与寺庙也有着密切的联系，这种联系是佛教传入中国并在中国逐步实现本土化的结果。来自印度的佛教传入中国后，在中国文化中吸取养分，形成了本土化的中国佛教。依据早期翻译的佛经，犍椎、信鼓、打木等都是佛教在古印度时期召唤信众的信号工具，这些器具的材料多为木、革类等天然材质。佛教传入中国之后，青铜乐钟因其坚固耐用的材质、悠扬悦耳的声音被中国佛教寺院借鉴，形成佛钟制度，并得以传承。与此同时，道教也借鉴佛寺铜钟的用法，形成了道教宫观的用钟制度，寺观钟由此登上历史舞台。

东汉三国时期是寺观钟的发生期。《湖北金石志》卷二所记载黄梅县龙潭寺东吴孙权赤乌二年（239）的古钟，是目前所知最早的寺观钟信息。

南北朝时期是中国佛、道二教发展的第一个高峰阶段，寺观钟的铸造和使用进入快速发展时期。北周武帝的佛道论辩及其为铸钟所撰写的《二教钟铭并序》是关于寺观钟的较早文献，铸于南朝陈太建七年（575）的铜钟（现藏于日本奈良国立博物馆）是该时期寺观钟发展面貌的明证。该时期寺观钟的形制已然确立，并在此后历代传承沿袭。

隋唐时期，寺观钟的铸造蔚为大观，尤以唐代寺观钟为质量和规模之冠。目前所见唐代遗留的寺观钟大多实物材质精良，铸工精湛，钟体铭文内容和书法都颇为讲究。有唐一代，钟体形制出现了明显的南北差异，长江以北地区的钟体直径上小下大，口部呈波弧状；长江以南的钟体上下微收，中部微凸，底口平直无波弧。钟体表面的装饰风格同样呈现出鲜明的地域特点：长江沿线及以南地区素雅规整，两组凸弦纹带呈十字纵横相交于撞座（钟槌撞击点，又称"钟月"），钟体上下由细线纹分隔的八个方框，除了铭文之外，少有其他装饰题材；长江以北地区的钟体表面则装饰华丽，既有飞天、天王及小鬼等佛国人物形象，也有龙、虎、狮、朱雀等动物形象，还有星象纹、卷草纹、莲花瓣等纹饰；青藏地区的佛钟也在此时发展出独特的艺术风格，西藏桑耶寺的唐代钟虽在形制上大体属于江北风格，但其钟体上特铸汉藏双语，是唐蕃友好与藏汉文化交流的历史见证。

唐末五代至宋辽金元时期的政权割据和社会变革导致黄河以北地区战乱频仍，其经济生产受到较大破坏，加之铜矿资源匮乏和市民阶层的勃兴等因素，寺观钟开始走上了"平民化"的道路，铸钟群体变得更为丰富，士子富农、商人等社会中下层人士捐献铸钟的行为屡见不鲜。或许是不安定的社会环境促使着人们更加向往佛道所宣扬的理想世界，如今的寺观钟遗存有相当一部分诞生于这一时期。宋元时期，寺观钟的铸造范围随着中华文明的延伸而进一步扩大，许多实物遗存成为多民族文化的重要载体。不过，该时期的绝大多数寺观钟为铁钟，其铸造的精美程度明显降低，与此前的唐代寺观钟无法相提并论。值得说明的是，虽然西夏的佛教文化很盛行，但迄今尚未发现西夏时期寺观钟的文献记载和实物。

明清时期，寺观钟的发展达到顶峰。该时期的寺观钟不仅存世数量最多，而且出现了重达数十吨的巨型钟和装饰繁复的精品钟，此类精品钟的铸造基本集中在明永乐时期和清康雍乾三朝。同时，明清两代寺观钟的铸造不再局限于宫府寺观和佛道信仰场所，其铸造范围进一步覆盖至不同信仰和不同阶层，各类金属钟被广泛使用于妈祖信仰、关帝信仰、禹王信仰、家族宗祠等民间信仰场域。

钟是佛教寺庙和道教宫观的重要法器，钟声传递的是佛道二教的义理，闻听钟声能帮助佛道信众觉醒、证悟。佛家认为"闻钟声，烦恼轻，智慧长，菩提增，离地狱，出火坑，愿此钟声超法界，铁围幽暗悉皆闻，闻尘清净证圆通，一切众生成正觉"；道家也认为"闻钟声，拜老君，离地狱，出火坑，愿成道，度众生"。北京大钟寺古钟博物馆收藏的明代弘治年间所铸道教铜钟满布铭文，除了钟顶赞颂真武大帝的百字圣诰之外，钟体上还铸有《北方真武妙经》《太上老君说常清静经》《资福延寿经》三部道教经文，山东泰山碧霞元君庙铜钟上也铸有一部较为罕见的道教经文。在信众看来，钟声是佛道二教的弘法之声，鸣钟因此成为寺观场所的重要事项，所谓"做一天和尚撞一天钟"，鸣钟和听钟已然是修行者的日常必修课。

作为神圣之物，寺观钟因位置和功能的不同而分三种类型。一是楼钟，即钟楼钟。钟楼与鼓楼通常分列于寺观建筑群前院中轴线的两侧，前者又被称作"钓钟台"或"撞钟室"。钟楼钟体量大，声悠长，《百丈清规·法器章》载："大钟，丛林号令资始也。""鸣大钟及僧堂前钟集众，列殿上，向佛排立。"可见钟楼钟在寺观重要宗教仪式活动中具有号令作用，同时也是日常晨昏作息时鸣响的报时钟。二是堂钟，即法堂钟，通常悬挂在中轴线法堂室内或室外的一侧角落，又叫"唤钟"或"行事钟"。堂钟的体量中等，通常高40~60厘米，是法堂内举行佛事活动的必备之器。三是案钟，即摆放在案桌上的钟，体量较小，通常高约20厘米，唱诵经文活动中击打节奏所用。

寺观钟由钟纽和钟体两部分构成，钟纽位于钟体顶端，一般呈倒"U"形、四足横梁形或蒲牢形，钟顶为微微隆起的弧形，钟体为上下直径不等的圆筒形，多数上直径小、下直径大，也有少数上下直径略小，而腰腹部直径略大的。

寺观钟的腔体横截面为正圆（筒）形，这与先秦青铜乐钟（镈于除外）呈合瓦形的横截面不同。合瓦形腔体能够有效节制腔体振动频次，消除余音，使大小相次的青铜乐钟发出高低不同乐音时不会产生混音，且一钟能够发出正鼓音、侧鼓音两个音程不同的声音，对表现音乐旋律十分有利。早在西周时期，关于腔体形状与发声之间关系的工匠经验总结已经出现，《周礼·冬官·考工记》就明确记载了相关规律："薄厚之所震动，清浊之所由出，侈弇之所由兴，有说。钟已厚则石，已薄则播。侈则柞，弇则郁，长甬则震……钟大而短，则其声疾而短闻。钟小而长，则其声舒而远闻。"简言之，钟的厚薄与振动频率有关，影响到钟声清浊，也关系到钟口的宽大或狭小，钟壁过厚，犹如击石，声音不易发出；钟壁太薄，钟声响而播散；若钟口宽大，则声音大而外传，有喧哗之感；若钟口太狭小，声音就抑郁不扬。如果钟甬太长，钟声就会发颤。钟体大而短，钟声急疾消竭，传播距离较近；钟体小而长，发声舒缓难息，传播距离远。与之相异的是，正圆（筒）形的腔体能够维持钟体在遭到撞击后长时间、高频次地震动，符合佛寺道观"洪亮远闻"的钟声要求，它因之成为寺观钟腔体的基本形态。这种功能性变化所引发的钟体形状变动堪称中国本土钟铃艺术的重大转折，也标志着钟由先秦世俗贵族的礼乐重器演化为具有神圣意涵的宗教法器。

寺观钟的装饰题材丰富多样。其中，植物纹有忍冬、卷草、折枝花、菊花以及莲瓣等艺术母题，以莲瓣最为常见；人物形象则多为佛、菩萨、飞天、天王、小鬼等佛教人物；动物形象有狮、虎、龙（包括蒲牢）、鹤等；文字符号则包括佛道经文咒语、八卦符号和记述铸钟情况的相关文字信息，涉及汉文、满文、藏文、彝文、梵文等多种文字。从中外文化交流的角度出发，寺观钟的装饰内容包括道教经咒、八卦符号、龙、虎、鹤等典型题材在内的大量中国本土文化元素。例如，许多寺观钟的钟纽会被塑造成二龙戏珠的造型——龙头相向或相背，中间有带火焰纹的圆珠，龙身交叠缠绕，形成兼具实用与审美的设计，堪称中国工匠的艺术再创造。这种雄踞钟顶的龙名叫蒲牢，传说为龙的九子之一，因害怕海中大鱼（鲸鱼）的追赶而大声鸣叫，声音洪亮，远近皆闻。随着传说逐渐深入人心，工匠们便把蒲牢铸于钟顶，将敲击钟体的钟槌做成鱼形，以此期盼钟声远播。关于蒲牢好鸣、位居钟顶的传说，早在汉代已广为流传。汉代班固《东都赋》载："于是发鲸鱼，铿华钟。"唐代李善有注曰："薛综《西京赋》注曰：'海中有大鱼曰鲸，海边又有兽名蒲牢，蒲牢素畏鲸，鲸鱼击蒲牢，辄大鸣。凡钟欲令声大者，故作蒲牢于上，所以撞之者为鲸鱼。'"与此同时，寺观钟也镌刻着外来文化印迹，其上常见经咒、忍冬纹、莲花、狮子和佛教人物等随佛教入华而衍生的宗教形象，它们是中外文化交流融合的重要证物。

寺观钟的铭文内容丰富，是珍贵的历史文献资料。其内容除佛道二教的经文咒语、铸钟缘由、捐铸人姓名、铸工匠人姓名以及铸钟时间等重要信息之外，还有称颂佛道的溢美之词。现存于北京大钟寺古钟博物馆的永乐大佛钟即为典型代表，其钟体内外铸有 23 万余字的汉、梵双语佛教经咒，是迄今所见铭文数量最多的佛钟。铭文全部是梵文经咒的佛钟也不少见，湖北襄阳谷城县的承恩寺明代铜钟就是通体铸满梵文的寺观钟，同类的还有北京西郊法海寺的铜钟。寺观钟铭是佛道宗教文化传播、传承的重要载体。寺观钟铭的作者不仅有佛道僧人，亦囊括世俗人物。北周武帝的《二教钟铭并序》和唐睿宗的《景龙观钟铭》即为古代帝王等上层人物亲撰的钟铭。此外，寺观钟铭也不乏文学名家之作，唐代的李白就曾为安徽当涂县化城寺撰写钟铭，吴少微、李邕、权德舆等名士亦都曾有钟铭传世。可以说，文学名家的积极参与使中国寺观钟铭的文学价值倍增。

寺观钟铭的书写客观地呈现了汉字书写的悠久历史，其书写质量的精粗之分更是汉字在不同阶层传播使用的实物见证。在浩如烟海的寺观钟铭中，功力深厚的书法作品不啻倍蓰。唐代钟体上的许多铭文就出自书法名家。唐宁照寺钟铭就是由唐代中期享有盛名的书法名家武尽礼书写的，欧阳修在他的金石学著作《集古录》中就有所感慨："武尽礼笔法精劲，当时宜自名家，而唐人未有称之见于文字者，岂其工书如尽礼者，往往皆是，特今人罕及尔。余每得唐人书，未尝不叹今人之废学也。"现存于西安碑林的景龙观铜钟铸于唐景云二年（711），史载"睿宗为之铸钟制铭也，字正书，而稍兼篆体，奇伟可观"，其铭文由唐睿宗李旦亲自书写，字体为八分书，后世推崇备至，许多文人墨客以得到该钟铭拓本为荣。此外，还有诸如唐真源观钟铭由"明皇撰并八分书"、唐太清宫钟铭由"冯宿撰，柳公权行书"、唐永泰寺钟铭由"崔巨撰，房集书"等实例。许多古钟铭文常被后人拓帖、仿习，传之久远。明永乐大佛钟以铭文数量居历代钟铭之首而被冠以"钟王"称号，其书写者是"馆阁体之祖"明代宫廷书法家沈度，故而钟铭带有很明显的馆阁体韵味。沈度（1357～1434）是华亭（今上海松江）人，历仕成祖、仁宗、宣宗三朝，终官翰林院侍讲学士，擅篆、隶、楷、行等书体，与弟沈粲皆以善书著称，时人谓之"二沈"。明清两代盛行的"馆阁体"是一种以乌黑、方正、光洁和等大为基本特点的书体，通行于科举考试和官场公文。除上述例子外，曾进行钟铭书写的书法家还有很多，他们的参与既令自身作品得以传世，也提升了寺观钟铭的艺术价值。

寺观钟的材质以铜、铁两种金属为主，铜质钟的铸造质量普遍优于铁质钟，后者的出现主要与冶铁技术的进步、市民阶层的兴起和铜矿资源的匮乏有关。现存唐代寺观钟几乎全部为铜钟，北京地区也有许多明清铜质寺观钟精品，与明清北京城"首善之都"的地位相匹配。铁质钟大量出现于宋、辽、金、元时期，像北京大钟寺古钟博物馆收藏的北宋熙宁十年铜钟那样精美的铜质钟在该时期则只占小部分。

寺观钟的铸造是对先秦时期高度发达的青铜冶铸技术的进一步发展和创新。《周礼·冬官·考工记》记载了先秦青铜乐钟的铸造工艺技术，其中泥范铸造法已经达到了炉火纯青的地步："凡铸金之状，金与锡，黑浊之气竭，黄白次之；黄白之气竭，青白次之；青白之气竭，青气次之，然后可铸也。"当时的工匠甚至可以根据火焰的颜色和形状来较精确地判断青铜冶铸的程度。就考古遗址而言，河南郑州第三中学唐代铸钟遗址、南京大钟亭铸钟遗址、云冈石窟顶部铸钟遗址等考古发现，都是考察不同时期寺观钟铸造技术的重要实物资料。随着铸钟技术的进步，钟体被铸得越来越大，明永乐时期已经能成功铸造重达数十吨的巨型钟，如北京钟楼永乐铁钟（21吨）和永乐铜钟（63吨）、北京大钟寺的永乐大佛钟（46.5吨）等，这也从侧面表明中国古代金属冶铸技术在明代达到高峰，明人宋应星的《天工开物》就详细记录了明代大钟的铸造工艺，是印证当时铸钟技术的珍贵文献资料。清代康雍乾三朝也有不少寺观钟精品问世，大钟寺古钟博物馆收藏的乾隆铜钟装饰龙纹、祥云、八卦的乾卦符号，铜质精良，造型端庄，纹饰精美，堪称中国寺观钟的巅峰之作。

寺观钟发端于佛教东渐之际，融合中外文化因素，以功能主义的设计理念将中国本土原有青铜乐钟合瓦形的腔体形状发展成了正圆筒形。其后，它不仅被作为信仰的载体，广泛应用于儒家文庙、佛教寺庙、道家宫观、妈祖庙、禹王庙等宗教及民间信仰场所，还被作为传递信息的重要工具，在城市钟楼、会馆、学校等民众聚集的世俗场所发挥着关键作用。具有近两千年发展历史的中国寺观钟是宗教、艺术与技术融合的产物，其分布范围遍及中华大地，在世界屋脊的西藏、天涯海角的三亚、西北大漠的新疆以及东北边陲都有钟迹可寻。寺观钟还是当之无愧的民族"三交"文物。其上常见的"皇图永固""帝道遐昌""风调雨顺""国泰民安""佛（道）日增辉""法轮常转"等祝颂语以及满文、藏文、女真文、彝文等少数民族文字，是中华各族交往、交流和交融的历史见证，也是中华民族共同体凝聚"多元一体"格局的实物资料，是中华民族普遍认同的文化象征符号。

上篇：湖北寺观古钟调查

湖北寺观古钟的实地调查

1

宋代铜钟残片

随州大洪山大慈恩寺

发现于随州市大洪山大慈恩寺二期工程清基过程中。宋代遗物。铜质，重达吨许，口径约105厘米。钟肩部饰一周彼此重叠的莲花瓣，莲花瓣和钟体上部四个方区之间有八卦符号，钟体下部四个方区较小，呈细长方形，八耳波弧口沿。整体造型风格素雅端庄，没有铭文。

图一

图二

图三

图四

图五

图六

古钟残损严重，分为两件。一件为片状，存放于大慈恩寺金顶地宫，残高37～68厘米。另一件是钟体下半部，存放于幽济院地宫，残高64厘米，残宽120厘米，钟体中部壁厚4厘米，钟唇（口）厚度8厘米，底口直径104厘米，八耳波弧口沿，耳弧间距35厘米。

2

南宋大安寺嘉熙四年（1240）铁钟

悬挂于今武昌宝通禅寺大雄宝殿东南角，铸于南宋嘉熙四年（1240）。钟体高悬，测量不精确，通高约300厘米，底口直径约160厘米，底口厚度16厘米。相关记载见于《湖北金石志》《湖北金石诗注》。

图一

　　钟体有铭文。"风调雨顺、国泰民安、皇帝万岁、重臣千秋"四句祝颂语均匀分布钟体上部四周，纵向竖排。上部四个方区内也隐约可见文字，但已漫漶不清，无法辨认。另一端祝颂语"皇风永扇、帝道遐昌、佛日增辉、法轮常转、三涂六趣、受苦众生、闻此钟声皆解脱"，分布于钟体下部的一个方区内。

图二

图三

图四

图五

图六

铁钟铸于元至大元年（1308），现存于当阳玉泉寺大雄宝殿前院。通高 226 厘米。钟纽高 28 厘米，为双龙蒲牢造型；钟顶为直径 86 厘米的穹弧形，钟肩装饰一周莲花瓣；钟体高 198 厘米，呈长筒形，饰三层方区，最下层的方区呈细长条形；钟体钟裙部位为微微凸起的带状台地；钟口为八耳波弧形，底口直径 170 厘米。

3

当阳玉泉寺
元至大元年（1308）铁钟

图一

全钟铭文较多。祝颂语"皇帝万岁，太子千秋，国泰民安，法轮常转"，均匀分于钟体上部四周，字体纵向排列于长条状方格内。

钟体方区内铭文句读如下：

荆门州当阳县玉泉景德禅寺钟铭。荆门玉泉在襄汉，为大精舍，山水佳胜，乃陈隋智者顗禅师遗迹，后唱教于天台二浙终焉。佛陇而免护，惟谨关公云长，生为忠臣，没封王神，庙食兹山，感师之德，以威力夜挟霆雨，撼摇山陇，撤

图二

哉，公以宿愿力而护法，如长城宜壮节，猛烈雄伟，卓出千古，垂之国史，而英风不泯也。逮圣元更化，长老藏山珍公，开展旧规，崇构堂殿，作兴佛事。今住持霞壁宣公，袭领其院事，能辨肯（前）心，悉治之以完。惟旧钟无声，委提点比士宝镜远慕潭湘、醴陵，鲁山巡检文工，率劝信人铸就，清圆而韵远，舟运而归，盖欲发人之深省也。而与夫施者为福，幽滞者为解脱，讵可量乎？为之铭曰：

聚铁之精，熔液而成。

晨昏考击，震霆吼鲸。

霜天递响，遍荆楚城。

深发梦省，蟠蛰是惊。

玉泉之胜，声振之清。

祝天子寿，如日方升。

江西大仰山禅寺住持常陵撰。覆船山景德玉泉禅寺记。开王直殿端公龙再兴、李宗龙、向必兴、清众、海辩、德渊、志兴、晋光、惠景、德圣，徒弟惠□、惠深、惠溪、惠净、□旧、妙胜、惠澄、宝宸、广铖、惠明、妙晟、绍

图三

明、□祐，前徽州僧录司知事福资、头首、绍湛、福锡、嗣宝、宝洲、知□、宗念、普真、惠溥、绍□、广铭、志观，宣授当代住持长老钟山广铸，宣校住持长老荆门州僧正广智静惠大师师瑄、昭贶武灵威显侯、壮穆义勇武安英济王、开山智者大师。

八葰烘唵麻祢，三宝证明天龙洞。

荆门州达鲁花赤官吏等，本州镇守千户所官吏等，当阳县官合属典吏等，本州县僧司官吏等。宣校荆门大海会寺住持广益，宣校公安三圣禅寺住持德桂，宣校监利定慧禅寺住持绍中，主缘施财檀越，潭州路醴陵州前□田市巡检文严□，檀信颜如松，萍乡周□、孙定、孙文、兴祖、赵绍祖、刘洞真、马普孙；潭州信士朱亮、朱氏朱福、唐氏男孙圆通保、胡氏如惠、张荣发、欧阳宗福、童氏妹、阳氏德安、洪山堂、陈觉聪、肖氏、张景说、童心胜、刘氏、罗仲贵、易待财、胡氏、瞿思、文长林、张再兴、□氏男、张□智、韩觉祖、孟氏男孙、徐家奴、□□光、赵贵、刘觉终、黄觉政、张天瑞、刘道兴、□桥、黄如龙、王再兴、丁孙保、张法政、张法兴、徐□□、张法诚；潜江蚌湖戴觉、善男觉文、男孙普贤保、提领周兴祖、周兴荣、周兴旺、神吏陈法胜、左法明、黎法道、李法旺、曾妙善、赵如春、郑法兴、周法兴、赵法胜、赵妙椿、董文兴、龙渊、李觉明、席氏、肖觉民、周应龙、涂法明、胡

图四

图五

兴祖；沔阳郭德成，吕氏，张法明，周再法，陈友亮；当阳大檀李法显，法英，张氏妙善，宣善，李□古，女蒋氏，州吏刘国宝，易明甫；江陵佛华禅寺住持法云海会首，□善□，僧宗仁，德闻，觉进，正景，海福，信士陈子贵，刘妙寿，张妙德母，石氏二娘，伏氏妙善，吴氏十一娘，杜氏二娘，许氏妙成，肖氏二娘，竹村毛德□。

　　本寺诸庄名目甲干于上。莱庄罗彬，为庄张妙旺，东庄李政旺、北庄黄法通，后山庄邓聪，莲花庄王贵，大云庄文□旺，十里庄吴文达。管记范可立，李永安。□匠潘福，潘老。铁匠陈海。石匠王觉忠。作司甲头柳明，蒋兴，郑兴。本寺殿堂阁楼都料，黄觉发，吴觉寿，唐□□发，干缘僧宝镜为经两次仍化众缘。官民士术四众比丘圆满一切心愿，成就无边种智普报。四恩钧资，三有法界舍生俱沾利乐者。至大元四年佛生日，谨题。江西袁州路萍乡州西匠人文子城。杨氏祖仙拾银钗一支，洪氏公娘拾银钿一支，张氏大娘拾银钗一支。

图六

　　全文见于《湖北金石志》。该钟体铭文为正书、阳文、自右向左、由上至下环绕钟体排列于上中部方区内，字体端正，疏密合度，清晰可辨。除汉文之外，钟体上还铸有少数梵文。

　　铭文信息十分丰富，主要涉及玉泉寺的来历、铸钟的缘由和经过，亦包括玉泉寺的僧侣信众、铸钟工人和捐赠者的姓名等内容。

　　《湖北金石诗注》亦有记载："右钟高五尺九寸，围一丈二尺，在当阳县玉泉寺住山霞璧瑄公命寺僧宝镜远募湘潭、醴陵间铸就，舟载而归。钟凡四面界为二层，上层有序有铭及众僧法名，又有咒二句，共六字，并音释，下层列荆门当官史等及主缘施财各檀越籍贯姓氏，款则至大元年四月佛生日谨题。另一面列杨氏施舍银牌银叉三行，因钟纽断缺，今置于大殿檐前院之东首地上。按王楚《博古图》、薛尚功《钟鼎款识》诸书载，三代钟尺寸高不过一尺。又案《尔雅·释器》，大钟谓之镛。今高四五尺者概谓之钟矣。"

图七

4

荆州开元观

元至大二年（1309）佛寺铜钟

铜钟现存于荆州市开元观钟亭，保存完好。通高 144 厘米。钟纽高 27 厘米，双龙蒲牢造型，龙首人面化，龙背高耸，龙鳞纹路清晰。钟顶较平，钟顶直径 55 厘米；钟肩纹饰带由一周卷云纹和一周莲花瓣组成；钟体高 117 厘米，上下部均划分方区，下层方区呈细长条；钟裙为微微凸起的台地，撞座位置较低，接近底口边缘，钟口为八耳波弧形。从铭文内容可知该钟为佛寺钟，为江陵县寿圣院住持比丘尼海暹铸造。

图一

铭文句读如下：

护法持国天王、护法多闻天王、护法广目天王、护法增长天王。

本寺法眷前住持僧□□、海□、道□、宗元，徒弟僧道呈、道□、道竑、道龙、道意、道奇、福济、福海，行童邓僧保、高文殊、魏罗汉、马文殊、□僧保、何僧保。古洪剑川冶匠吴伯发同侄道昭造。鲸音宏彻山川外，鸿韵开明地狱中，天下太平法轮转，山门历□镇宗风，神宵王府除邪护正。赵大元帅主盟修造化供救赐忠烈侯王。高家古庄功德主顿世隆□，孟氏二娘弟世与、世迪、世旺，上侍母王氏四娘谨施中统宝钞伍拾两；高衢车功德主高应□，唐氏一娘弟应魁，上同母苏氏十五娘谨施中统钞二十二两；何家堰功德主李兴张二娘谨施中统钞二十五两；李润庄恩檀刘汝能邓氏六娘施中统钞一十一两；诸陈市恩檀匡之琳王氏九娘仵氏大娘钞一十一两；万家冈大檀郭永寿王氏八娘弟妇雷氏大娘钞十一两；高家港信士刘复亨、主一娘男观晋保施中统钞贰十伍两；许家冈信士李宗圆、高氏九娘范子林、信女苏氏四娘女薛氏□娘各施中统钞一十两；范子林信女张氏七娘、张家□信女田氏二娘各施中统钞五

图二

图三

图四

两；华家庄信士郑文□、张氏八娘各施中统钞一十两；高衡车信士顿友俊、邓氏大娘各施中统钞一十两；大檀黎忠喜庞氏四□庞贵□邓氏大娘一十一两；荣家国信士刘□祖王氏□大娘钞一十一两；江陵路江陵县口十□蔡家□诸□陈木南，寿圣院前住持比万暹谨施己财中统钞四十二灾（？）半铸造法钟，□

图五

图六

图七

买四大部经，外施钞，建立外旦门□，砌□街并漆佛□井口柱所，集功德永镇山门海，暹同恩檀等端为仰答佛恩。上祝北阙圣人万寿，东宫太子秋文□□□□□禄，天地交泰，风雨顺时，民物阜安，干戈永□，山门昌盛，佛法流通。然愿海暹入幻化且常发明□，相十方信施增□福寿，八部龙神当赐護持，至大二年岁次巳酉七月题，住持僧小师道颙题。同俗兄苏才□侄智隆孙南、子林，观缘僧海□海週师弟、海迎，都观缘前住持比立智□，潘家湾大檀萧光整郑氏男□保钞一十两，高□古庄大檀范永福□□娘钞伍两。

5
当阳玉泉寺
元延祐七年（1320）铁钟

现存于当阳市玉泉寺大雄宝殿前院，与至大元年铁钟相对而置。除钟纽残损之外，钟体保存相对完好。钟体通高264厘米。钟纽残高22厘米，为双龙蒲牢造型，中部断裂，仅存龙首和三只龙爪，龙首具有人脸化特征。钟顶直径98厘米，钟肩饰一周立体感较强的莲花瓣，莲花瓣之间有梵文、花蕊点缀。钟体饰三层线纹矩形方区，纵横两带相交处为圆形钟座，横带位置较低，横带下方的方区呈细长形。钟裙为带状台地，八耳波弧口，弧间距74厘米，底口直径191厘米。

图一

钟体上部四周纵向排列四句祝颂语：

　　皇图永固，帝道遐昌，佛日增辉，法轮常转。

下部有长篇铭文：

　　荆门玉泉在襄汉，为大精舍，山水佳胜，乃陈隋智者颢禅师遗迹之地。后唱教于天台二浙终焉。佛陇而龛护，惟谨关公云长，生为忠臣，没封王神，庙食兹山，感师之德，以威力夜挟霆雨，撼摇山陇，撤龛钥，移定身而归瘗玉泉。异哉，公以宿愿力而护法，如长城宜壮节，猛烈雄伟，卓出千古，垂之国史，而英风不泯也。逮圣元更化，长老藏山珍公，开展旧规，崇构堂殿，作兴佛事，今住持钟山广铸，袭领其院事，能辨肯（前）心，悉

图二

图三

图四

治之以完。惟旧钟无声，遂远命袁州路萍乡州文华伯陶冶成就，清圆韵远，舟运而归，非唯发人之深省也。而与幽滞者为解脱，讵可量乎？为之铭曰：

聚铁之精，熔液而成。

晨昏考击，震霆吼鲸。

霜天递响，遍荆楚城。

深发梦省，蟠蛰是惊。

玉泉之胜，声振之清。

祝天子寿，如日方升。

径山兴圣万寿禅寺住持虚谷撰，当代住持长老钟山广铸题，延祐七年岁次寅申十月日。宣校住持佛光慧日普照求福大师钟山广铸，知事普真、至悟、宗元、至荣、至福、至□、广钺，头首自智、福□、□善、明允。修造司都□福资。钱帛，至妙。□安殿主慧淳，昭贶殿主慧润，智者殿主福岩。侍司福祐、福祺、耆□、惠明、宝宸、自立、嗣宝、道果、觉景、宝镜。本山徒弟至吉、至□、至贵、福祜、福社、福山、福隆、福爽、福新、福裕、福祯、福

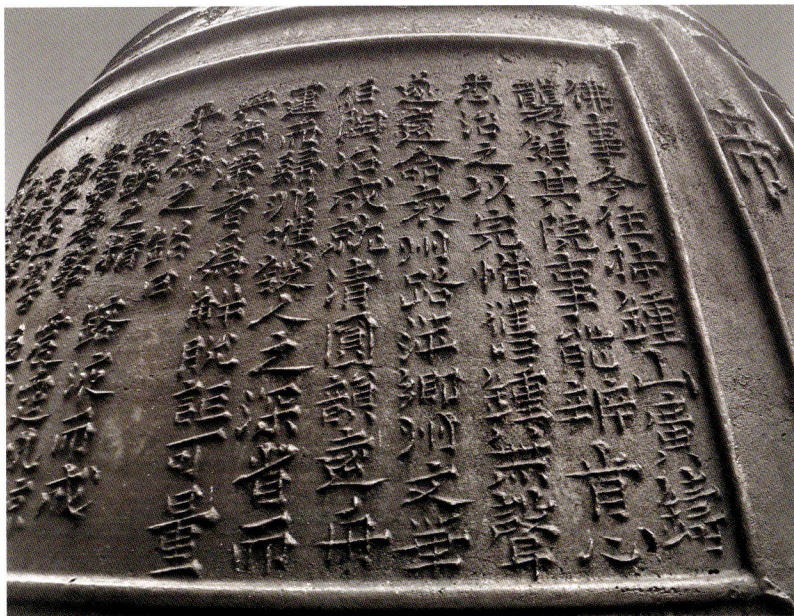

图五

图六

嘉、福禔、福□、福□。本山书华严经，□□，德元。本山□□院，箕山永福庵主宗晋，普□堂主德祐，龙泉住持寺主宗葆。建万佛阁都料，吴觉□。建钟楼都料，熊忠喻□。妆佛□□□，应祐。本寺作司甲干，胡兴、郭兴、尚妙富、唐世□、郭胡保、黎万信、宜殿端公李宗龙、龙再兴、李荣□、尚文秀、管□计、龙云从。施宅建报隆寺功德主伏氏妙善，□男黄友文、友惠、友贵，女黄氏妙智公娘，忠湖校尉、当阳县达鲁花赤兼劝农事忽都怡木儿，将仕郎当阳县主簿刘庸行，当阳县尉郑居义，前当阳

图七

县达鲁花赤兼劝农事钦察，前当阳县主簿哈剌怡木儿，前当阳县茶务副使明之赵应炳，前长林县丞夫人牛氏道宿，本县市居儒仕徐应祥、□应□、赵珪、柏□□、刘国宝、王□安、李成之、赵崇、黄应甲、万觉宗、郭文秀，本寺铭庄田干、苑庄骆寺、为庄鲁兴旺、东庄刘兴祖、北庄张文兴、后山庄邓文政、莲花庄吴友信、十里庄杨通达、大云庄覃方志，本山院大永福报隆寺主广铭，知事自铭，霞璧师瑄，无重，开山，前住持神应慈云大师藏山慧珍。

图八

该钟铭文记述了玉泉寺的来历、元代修复的过程和铸钟的缘由与经过及参与其中的玉泉寺僧侣信众、当地官员、铸钟工匠等人员姓名。相关记载见于《湖北金石诗注》："存，正书，阳文，在当阳。""马案右荆门州当阳县玉泉景德寺钟高维尺寸与前至大元年钟同，系钟山长老广铸，近募远铸，舟运而归，钟亦分四面，亦界上下两层，其序文与铭亦与前钟同，余列各施财姓氏，尽当阳县居民，末行题延祐七年岁次庚申十月日十一字而已，钟纽亦断，并置于地。"

图九

6

襄阳市博物馆
元泰定三年（1326）铁钟

现存于襄阳市博物馆，为广德寺旧物。通高 210 厘米、底口直径 145 厘米、纽高 53 厘米，重逾 2000 千克，保存完好。钟纽为双龙蒲牢造型，龙体细瘦。钟顶为略平的圆弧形，由细凸弦纹分为内外二区，内区素面无纹，外区为一周莲瓣纹。钟体有凸线纹方区、上部四区，区间各分铸竖书四个大字："皇图永固""帝道遐昌""佛日生辉""法轮常转"。其余各区铸满文字，均为阳文。

图一

铭文句读如下：

　　襄阳路南漳县万同山广德宝露禅寺住持福增功□。本寺古来禅刹乃是隋代炀帝公主创建，道□以来至唐朝广德二年，请守义禅师革律为第一代住山传灯。□载六百余年，累系兵革，栋宇不存。治今大元至元丙戌岁，福增同前住山师兄□常圆悟大师，重辟荒楼。即自经理山林水路田地，新造殿堂，塑绘佛像，稍成纶绪。然古钟成器，升隐无□住持，岂容不复前古，施衣资余，众力造成宏钟一口，祝延圣寿万安，金枝玉叶，文武官僚，增延禄寿；次冀风调雨顺，海晏河清，天下太平，法轮常转，四恩普报，三有均资，法界有情。同□种，智者铭曰：鲸吼禅林，兔氏之□，超雷露雳，发春和益，□□寅德，镇靖万同，音融云月，韵调宗风，襄北漳南，楚山汉水，闻之察之，凤兴夜寐，万衲森然，千庄满仓，民安国泰，地久天长。

　　泰定三年丙寅岁十月日山门记。

图二

图三

行童宗智、宗师、宗本、宗田、宗寿、宗通、宗社、宗嗣，徒弟□□、自道、宗乘、一德、自聪、宗门、宗□，师弟福崇、福镇，耆旧□之□□□□□自云□□自□□云自□知第□□□自□、了修、喜□、宗函，普济桥庵主彭普，延寿庵主智悟、应妙，法云庵主广慧，万同庵主德川，五龙庵主志猷，庵主志园，宗向庄主妙果，惟德殿主宗祖、宗亲，知库宗匠、宗告，侍者□□、□□、宗翁，直岁宝果宗殿典座宗永、子端修造，提□□□□修造，都闻景先，副寺自契，监寺持工都事□□□，都闻自吉、自妙，寺主自照，维那智益、道重、永禅。

当代住持佛□□照妙雄辩大师福增谨题。

图四

施□比丘自吉、智益、妙果、智妙、自活、自契、自戒，当代住山福增，施衣资中统钞四十锭；大都路大吴天寺讲主志顺施衣资二锭。

信士王友智妻牟氏，袁浪妻龚氏，异祖妻丁氏，王良佐室罗氏，喻元宝妻龚氏，裴友旺，信女王氏大娘，王氏二姐，男舒炎寿、舒文贵，邓炎明妻陈氏二姐，刘氏三姐，韩氏大姐，丁龙泉室何氏大娘，袁思贤妻丁氏李荣异，文贵□□□王氏，姐□汪□颜，谭氏妙真，塑佛匠人侯信卿，陈仲诚妻贾氏，黄朝甫，阳应祖，张炎□室周氏，男□祥，□兴□之妻董氏，叶法胜，罗友俊，杨氏妙喜，符氏大姐，黄一真妻喻氏妙成，廖士贵，朗阳室喻氏妙明，刘景芳，□该同室黎氏、徐氏、张氏，男陈志道，信女俗妹黄氏一娘，俗外甥周庆宗、文宗，故俗父黄文先，故俗母刘氏二娘，继母陈氏。

今具广德寺常住记管地面诸庄甲首施钞于后：□□府向甲首，下脚府李甲首，三里坡严甲首，改时中保米甲首，圣水峪覃甲首，马鸣塔垅严甲首，五眼泉易甲首，瞅名寨吴甲首，王府马鞍山张甲首，晦哑山七里山田甲首，芦师涧孙甲首，寺前庄后庄舒甲首，谷城县南川庄黄池湖庄曹陂庄甲首樊孝先，襄阳下州固城陂庄史甲首，宜城县泊陂庄比阳庄甲首阳妙春、唐妙海。

善庄庵住山大歇一德，观音寺住山门鉴自聪，隆兴寺住山方严、如睦，南阳府邓州内乡县顺阳山香严禅寺住山千峰性圆，江陵路前诸宫兴福庵师弟古庭庵主福越，荆门州龟山广福禅寺前住山师兄云海福祥，荆门州前住上泉普济禅寺壁峰福瑄，荆门州西山大海会禅寺住山无极福慧。

江陵路大琉留普光禅寺当代住山绍坤，江陵路大琉留普光禅寺前住山绍隆，宣授白莲宗主荆湖北道都僧录，前住江陵大护国禅寺潭州法山禅寺，常州华藏禅寺本师圆通正翁大师宝熙；襄阳路南漳县尉秦祯，将仕郎襄阳路南漳县主簿胡，承事郎襄阳路南漳县尹兼劝农事郭惟良，襄阳路南漳县达鲁花赤兼劝农事道童，从仕郎襄阳等处营田提举李智莹，昭信校尉襄阳万户府副万户朵良，武德将军襄阳万户府万户□，宣武将军襄阳万户府达鲁花赤忽都帖木儿，承务郎襄阳路总管府推官姚，承德郎同知襄阳路总管府事月鲁，嘉仪大夫襄阳路总管李，奉直大夫襄阳路总管府达鲁花赤脱帖木儿；江西□州平乡西黄花□铸匠文笔伯。

图五

图六

7

荆州铁女寺

元至正六年（1346）铁钟

现存荆州市铁女寺韦驮殿内，保存完好。通高 182 厘米，钟纽高 48 厘米，钟顶直径 78 厘米，底口直径 110 厘米。钟纽为双龙蒲牢造型，龙首的眼鼻嘴有人面化趋势，龙背交叠微隆起。钟顶略平，钟肩一周莲瓣纹，莲瓣之间有花蕊。钟体以线纹矩形方区装饰，上层方区较大，方区之间有竖排铭文，铭文上下分别有忍冬纹和莲花纹点缀，下层方区呈细长条形。纵带与横带相交处即圆形撞座，位于钟体下方，饰花瓣纹。钟裙为微微凸起的带状台地，八耳波弧口，弧间距 43 厘米，钟唇壁厚 8 厘米。

图一

铭文句读如下：

声动圆音法界闻，本来无碍出红尘，四恩总证菩提果，三有齐资解脱门。

夫三界群生，迷于大梦，困于尘□，所以晨□以钟，警之，息之，也建法；会具法膳，则钟以令之集之也；或闻钟声而悟道，或破幽阁而睹光明者，皆以音声为佛事，禅□昧者，觉聋聩者□其功博□。城西琉璃寺前，席兴庵长老上足中山福崇，于石马锁西择地，开基启创宝所山曰兴龙寺。□大崇福万寿为开山第一代，始于至顺元年庚午，岁轮绪稍成。粤有溁信逝法者江西道瑞州□□氏，今万石马头□居奉佛舍钟，信士杨荣祖、室人黄氏妙、□男杨邦荣、邦祖同兄杨文兴、□男杨□贵、观音保泊一家眷等喜施资金，选择良匠铸造洪钟。钟一口重壹仟余斤，求铭以记岁月，彰其不朽，乃为铭曰：

石马锁西，中山开基。

建一梵刹，□□所依。

施者杨氏，新铸洪钟。

下彻山趣，上远九重。

音声佛事，崇福金田。

大哉法器，万寿永延。

图二

图三

图四

图五

图六

至正六年丙戌岁仲夏吉日山门题。拾财铸钟信士杨宋祖一家，荨施□缘信士罗市文志通中兴，石马铸匠都作头游祥叔，行童宗达、宗道、宗珍、宗琦、徒弟、宗方、宗寿、宗□，知事宗玄、宗悟、宗明，头首宗瑞、惠仁、善现、福童、福至、福胜、福贤、福挂、福泰、绍祯。开山建寺，佛□兴教，明惠大禅师中山嗣祖福崇、前开山掌教明极冯公一居士前往金釜禅寺普照讲经，隐岩长老、大琉璃普光禅寺住山传法无得长老、佛华报严禅寺住持毒山长老、佛华报严禅寺前住山恩师月庭长老、承天能仁禅寺住持都道场荆石长老首授广慧清辩经，论三藏禅师秀峰。□□东林太平兴龙禅寺住山白道宗主□长老、中兴路崇福万寿寺范铜作钟，回为说偈以赏其事；东林住山宗廓修崇福寺，果范鸿钟，法社中兴道，益隆御赏，圣君十万寿，黎民重得际时□。

南无本尊地藏王菩萨，南无救苦难观世音菩萨，南无大智文殊菩萨，南无大行普贤菩萨，南无开教本师释迦牟尼佛，南无西方教主阿弥陀佛。

8

明永乐十年（1412）铁钟

荆门沙洋县纪山寺

现存于荆门市沙洋县纪山寺，铸于明永乐十年（1412）。铁质，通高 156 厘米，纽高 26 厘米，钟体高 130 厘米。钟纽为双龙蒲牢造型，龙背高高隆起，四足嵌铸于钟顶，两个龙头也俯身向下，咬合钟顶。钟顶较平直，钟肩部饰一周由凸线纹构成的莲花瓣，莲花瓣立体感不强。钟体由纵带和横带分隔呈上下两层共四个矩形方区装饰，上层两个方区较大，其中一个方区缺损严重，下层两个方区较小，呈细长条形。四个圆形撞座沿横带均匀分布于钟体四周，其中一个撞座已损毁，钟体下部外撇，钟裙为微微凸起的带状台地，八耳波弧口，弧间距 36 厘米。

图一

铭文句读如下：

风调雨顺，国泰民安，佛日增辉，法轮常转。

□湖广荆州府僧纲司南纪山资圣□开皇年间智旷禅师开山□□□□师同正宗悟空重□□□□□□□□□众遴奉□□□□□□□□□山同□□□□□□□□□三塔。永乐十年，岁在壬辰十二月初三日甲寅良旦，当代住□铭逊谨题两序。明迁传、明图、明造、真□、真煦、真暖、真昕、真悟、真智、真慧、实际、实智、真□。十方檀越：申禧然、邹雄、黄俊、李觉□、常谅、邵忠、孙宁、戴荣、黄良、冯贵、郑思文、全福

图二

图三

图四

兴、李思智、李忠和、宋□□、龙□贵、戴□恩、陈□福、左文赏、李□德、黎仲明、陈觉仁、范觉荣、严觉秀、彭觉錀、程普□、□普宁、曹智贤、孙文志、熊文友、罗文李、杨以德、□宜安、张子□、曹□宾、杨□、龙□□、□□荣、成应先、盛远、孙□□、蔡交吾、余文、杨志、黄本立、□存□、孟业、吴亨、□□、许永娇、左庭升、谢永□、□□□、□□宗、□□□、□兴、□文秀、□□、□□□、张觉

图五

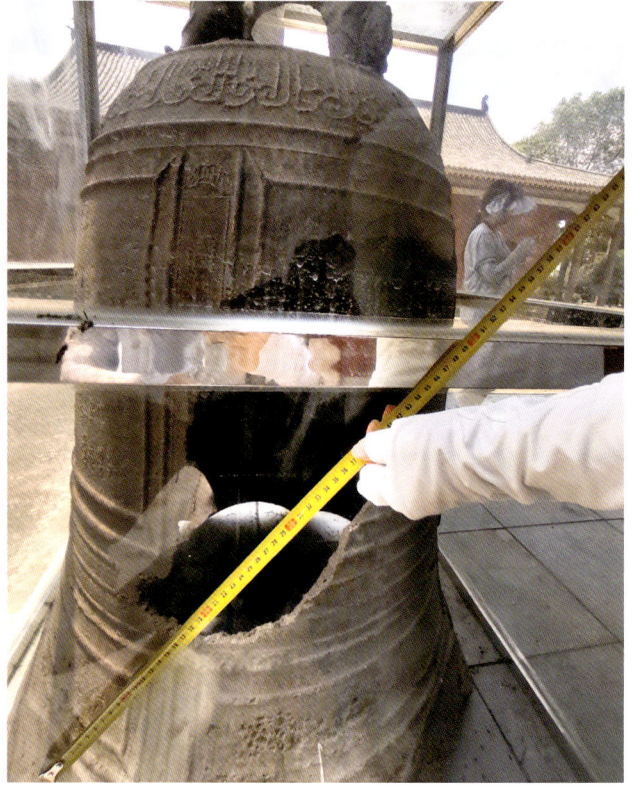

图六

图七

图八

文、高觉清、赵觉□、丁觉德、曾安、□本、龚觉□、陆□、□敬德、赵□□、王永□、张□、沈□荣。

十方信女：黄妙福、钱妙广、黄妙高、叶妙清、陈妙满、邓妙喜、路妙聪、姚妙贤、刘妙□、高妙性、罩妙性、张妙镜、丁妙光、张妙观、真空、禧真、杜善因、原瑛明。提调王元亨、陈福、宋安。冶匠潘觉兴、沈觉通。天皇山护国干明禅寺住持古潭慧清，荆州府僧网司都网前承天宝空主盟，鄂公神证

9

十堰武当山太和宫钟楼
明永乐十三年（1415）铜钟

现存于十堰市武当山太和宫钟楼。因钟楼维护，无法进入钟楼，由太和宫屈道长提供部分资料：通高157厘米，底口直径143厘米。

铭文句读如下：

敕建大岳太和山太和宫，

大明永乐十三年龙集乙未二月吉日铸造。

该钟形制特殊，出现了以往不常见的卷草纹、波浪纹、雷纹和粗大的八卦符号。

图一

10

明永乐十四年（1416）铜钟

十堰市武当山吊钟台

现存于十堰市武当山吊钟台的露天平地，钟身上有许多人为划痕和小孔。铜质，铸于明永乐十四年（1416），通高137厘米，纽高24厘米，钟顶直径48厘米，底口直径118厘米。钟纽为双龙蒲牢造型，龙鳞清晰，形象生动。钟肩部饰一周二十四莲花瓣和一周八卦符号。钟体由纵带和横带划分为八个方区，上、下层各有四个方区，四个纵带满饰缠枝花卉纹，横带为一组凸弦纹，上层方区上方为一周云纹，下层方区其下饰有一周波浪纹，在波浪纹饰带上有四个圆形撞座分布于钟体四周，撞座饰以莲花纹。波浪纹下方饰有一周雷纹。钟口外敞，八耳波弧口。

图一

铭文句读如下：

　　　　敕建大岳太和山清微宫，

　　　　大明永乐十四年龙集丙申三月

　　吉日铸造。

以上铭文为铜钟于永乐十四年铸造
时的原铸铭。

　　　　虔心重树古洪钟，

　　　　国泰民安慰圣哀。

　　　　大叩大鸣霄汉里，

　　　　万声万佛白云中。

　　　　西蜀罗思举题，

图二

图三

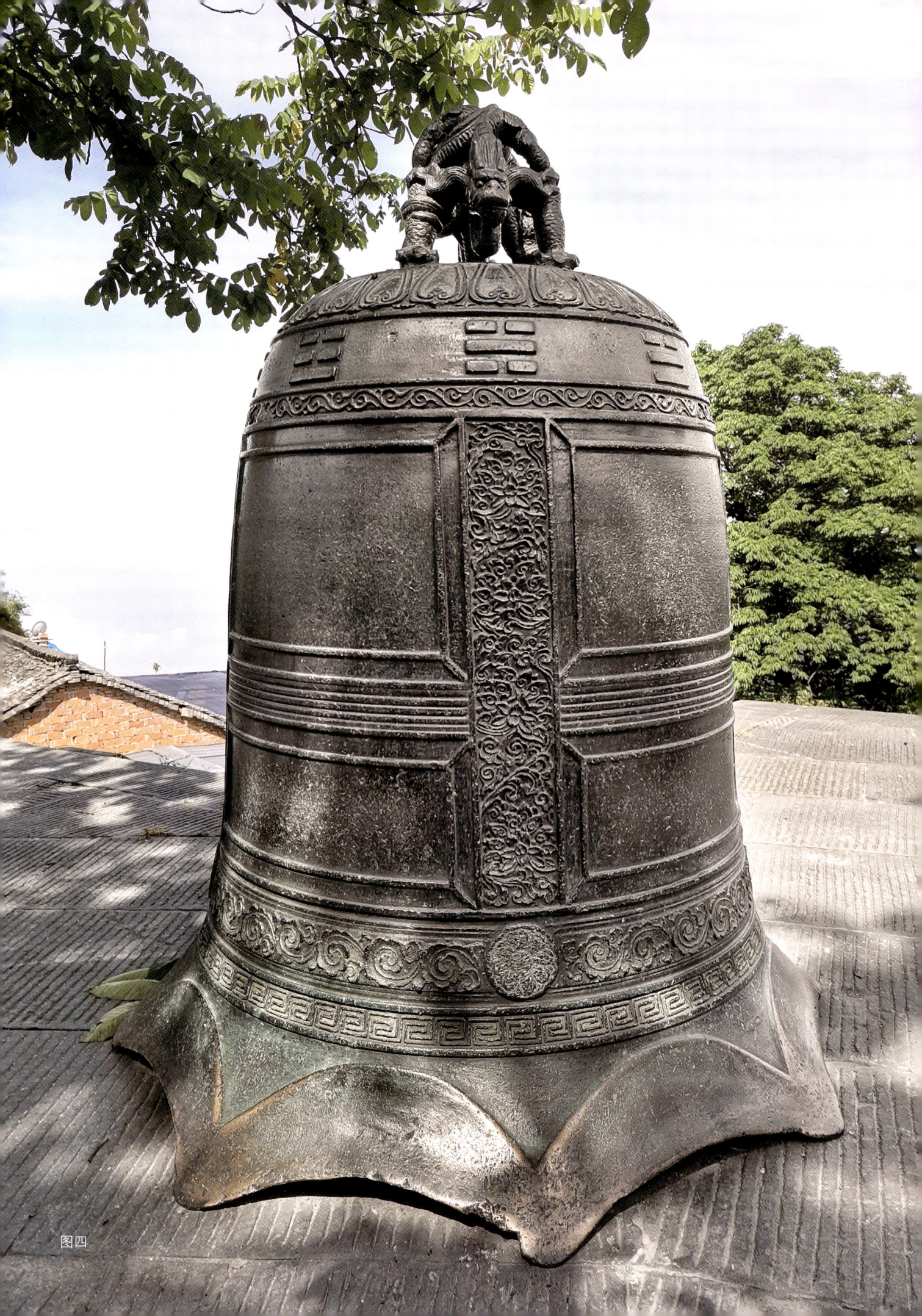

图四

共仰元音。

　　鼋氏功高两乐叶和平
之奏，

　　蒲牢力巨九间开荡佚
之音。

　　西蜀罗思举题

　　提督湖北全省军门罗
思举，道光六年九月初一
重悬，均光营把总郭必胜
督工。

以上为道光六年罗思举重
悬该钟时后刻的铭文。

　　大清咸丰

以上四字字体小而乱，刻
字人、刻字原因均没有相关记
载，不排除为游客所刻，或为
清代咸丰年间的后刻铭文。

图五

图六

11

十堰武当山博物馆
明永乐二十二年（1424）铁钟

现收藏于武当山博物馆，铸于明永乐二十二年（1424）。铁质。通高88厘米，纽高17厘米，钟顶直径38厘米，底口直径68厘米，钟纽为双龙蒲牢造型，龙首栩栩如生，咬合钟顶面。钟顶呈圆弧形，肩部光素无纹。钟体分为四个方区，横带位于方区下方。四个圆形撞座沿着横带对称分布钟体四周，横带下方为4道粗弦纹。钟裙为微微凸起的台地，八耳波弧口，弧间距28厘米，钟口外撇，口沿壁厚6厘米。

铭文句读如下：

□大岳□□□太常观成造洪钟，

□岁永乐贰拾贰年盂夏月大吉日。

图一

图二

图三

图四

图五

12

明代宣德款铁钟
襄阳市谷城县承恩寺

现存于襄阳市谷城县承恩寺水陆崇圣殿内。铸于明宣德年间，铭文锈蚀严重。铁质，通高 173 厘米，纽高 54 厘米，口径 125 厘米。钟纽为双龙蒲牢造型，四肢粗壮，龙首咬合钟顶。钟肩饰 18 朵莲瓣纹。钟体分为八个方区，上层四个大方区，均铸满铭文，方区与方区之间有阳文"皇图永固""帝道遐昌""法轮常转""佛日增辉"。四个大方区下部为一条凸弦纹和卷草纹饰带，七条细弦文组成的横带位置较低，沿着横带堆成分布四个圆形撞座，横带之下有四个横向长方形小方区。钟裙呈微微凸起的台地。钟口外敞，八耳波弧口。

图一

铭文句读如下：

> 襄阳万铜山广德宝岩禅寺。兹有荆州卫□
> 住奉佛信善范真，发诚心，罄舍囊资，命工铸
> 造洪钟一颗，重二千余斤，恭施襄阳府广德宝
> 岩禅寺千佛大殿，永充声击，丕赞皇图，祝延
> 圣寿……大明宣德□□□正月日。

需要注意的是，明代宣德年间，广德宝岩禅寺
还未更名为"大承恩寺"，故仍被称作"宝岩禅寺"。

图二

图三

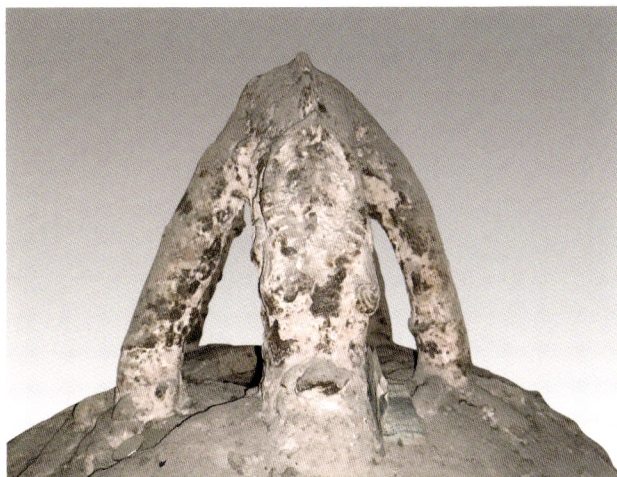

图四

图五

13

京山博物馆

明正统十二年（1447）铁钟

现存于京山市博物馆院内。铸于明正统十二年（1447）。铁质，通高 152 厘米，纽高 31 厘米，底口直径 108 厘米。钟纽为双龙头蒲牢造型，其中一个龙头缺损，龙体细瘦，与四肢粗细相当，龙背隆起幅度较大，正中有宝珠。钟肩饰十二个莲花瓣，其下为一条环带纹。钟体由纵带与横带划分为八个方区，横带简约，无细线纹，横带上方四个大方区，方区之间分别铸有阳文"皇图永固""佛日增辉""帝道遐昌""法轮常转"，饰有莲花纹的四个撞座沿着横带分布于钟体四周，分别与上层的四字祝颂语对应。横带之下有四个细长形的小方区，小方区内无铭文。底口为平直，口沿钟壁内敛。

图一

铭文句读如下：

皇图永固，佛日增辉，帝道遐昌，法轮常转

湖广安陆州京山县白阳二里崇贞观化钟□，主盟观主胡天明、杨海，主持道士曾道贞、严嗣道、玄妙观道士任旻初、李普会，化缘施主花名逐一并列于后。

化缘弟子李道玄同妻蒋氏、男温保，喜舍信官陈应祥同妻陈氏妙福、男陈长君，信士李惟、谢文达、夏□昌、汪雅宁、化缘信士胡壁同妻杨氏许氏妙寿，喜舍信官胡溪同蔡氏妙智、杜氏守贞、弟胡湘，信士明智、邹永和、□大印、邹永明、黄福美、郭存缘、李显贵、陈思贤、胡思温、胡安、□瑛、肖汝茂、杨□诚，系京山县人氏。

化缘信士廖长洲弟廖道兴妻徐氏妙圆，廖茂洲、廖茂州、廖林州，喜舍信士曾道念、□智、郑守

图二

图三

玄、守贞、□奇、方□明、方
任、万方、杨益贞、李志洪、张
景淳、陈泰洪、杨玄茂，系江西
临江府人氏。

化缘信士曾□缘，喜舍李
益□、李则龄、张旭成、李竞
先、张崇广、徐如敏、刘惟达、
张玉升、信女刘氏妙贞、胡孟
咨、黎彦荣、张渊宁、高儒铉、
刘资渊、王溥、程凤奇、习战、
喻钊，系吉安临江府人氏。

化缘信士杨海同妻秦氏，
喜舍信士刘敬、莫必贵、李远、
王□、王□、何信、郭应昊、王
琏、杨思敬、□福祖、邓离□，
系京山县人氏。

化缘信士樊谷□同妻熊氏
兄樊德常，□□信士荆州衔总旗
□崇善，信士艾昌、杨洪、艾
萱、樊越、黄海、唐崇礼、□
昱、胡渊、胡海、杨源、肖胜，
系京山县人氏。

化缘信士敖珪简、弟敖迪
简，喜舍信士敖贵高、彭九万、
甘影华、彭洪海，系临江府人氏。

化缘信士徐公福同妻李氏
季珍，喜舍信士曾□南、曾荣
贵、宋子福、邓子显、龚孔英、
邓贞午文□、陈荣刚、黄景富、
周昊，系临江府人氏。

化缘信士曾浩同妻胡氏，
喜舍信士曾越、万洪、万信、万

图四

图五

□、曾清、曾溥、曾莳、时济、付轰然、刘志，系京山县人氏。

化缘信士杨仁同妻崔氏、弟杨仪，喜舍信士赵仪、□仁、赵□、谌忠、陈泰、洪清河、□永昌、□□□、马浩、陈□□、马铭、焦继荣，系京山县人氏。

化缘信士蒋升同妻刘氏，喜舍信士□□□□□仙□□、刘振宗、李志通、田敬□、肖□清、行衍、郭福、郭俊、杨战清、李文恭、华智、汪□，系京山县江西□处人氏。

化缘信士敖□安同妻曾氏妙贞、王氏、大男道□外母黄氏，二喜舍信士黎子玉、刘□惠、杨□、□本初、焦季初、刘思文、具仲安、□必荣、□□氏，化缘信士杨子荣同妻曾氏妙寿、男祖嗣保、天嗣保、女妙清、外母胡氏妙□，喜舍信士曾道显，信女郑氏三玄福女彭□初、李□空、熊万斛、孙敏□、汪彦贵、廖茂林、程子茂，系吉安府人氏。

化缘信士洪存爱同妻陈氏妙静、男洪刚，喜舍信士贾旻，信女李氏饶林舟、何仇简、何仇旭、李铅昌、杜孟□、熊汝良，系临江□府人氏。化缘信士戈峰贞同妻孙氏，大喜舍信士聂福惠、戈楚源、肖庸习、刘清、刘仁信、杨绍明，系临江府人氏。

化缘信士皮仕春同妻方氏，喜舍信士易焕顺、□九霄、周郁、□清、宋怡伦、熊万斛。正统十二年月日钟一口计一千斤立，吉安府庐陵县匠人张志端造。

该钟由京山崇贞观、铸盟观、玄妙观道士铸造，捐资铸钟的施主来自安陆府、吉安府、临江府。明代吉安府和临江府上下相邻，同属于江西布政使司，湖广布政使司又与江西布政使司紧邻。铸钟匠人为江西吉安府庐陵县人，钟体造型属江南型，其典型特征是口沿平直。

图六

14

荆州开元观
明天顺七年（1463）铁钟

现存于荆州市开元观内。铸造于明天顺七年（1463）。铁质，通高118厘米，纽高20厘米，底口直径88厘米。钟纽为龙头相背的蒲牢造型，龙鳞纹路清晰、龙爪细长、紧扣钟顶。钟肩铸三道弦纹。钟体分为四个大方区，方区内满铸铭文，方区之间有铭文"皇图永固""帝道遐昌""大道兴隆""法轮常转"。方区之下饰一周卷草纹，横带为九道弦纹，横带上均匀分布四个圆形撞座，其中一个撞座残损，钟裙为微微凸起的台地，八耳波弧口略微外撇、弧间距约33厘米，钟唇壁厚7厘米。

图一

铭文句读如下：

皇图永固，帝道遐昌，大道兴隆，法轮常转。

湖广荆州府城西外三华观嗣教法弟子张龙□、□永宁、何永明、□□眷□□日上□造意者伏自天顺□□命人铸造洪钟一口，重□佰斤，□□□□□侍奉□□□。

皇图永固、帝道遐昌、风调雨顺、国泰民安。

图二

图三

图四

图五

图六

图七

枝江王府镇国将军府道士王全□、罗道□，信官李□、陈理、任仲诚、苏懋、□□□、聂辅、孙□□，喜舍信士刘□、□□、蒋贤、秦旺、宋本泉、张□、苟□善、□友清、彭友训、李□、李子□、李□、许氏妙秀、宋□□□、宋氏四□、□□□、□□德、□□□、□□□、宋□□、张□□□□□□□□□□□□□刘文□□□中□□□□□斌□□□□□□□□□□□□□□□□□□□□□□福孙□□□刘□孙□陈□□鼎□斌、刘福、杜铜、孙敬、宋来□、魏□、徐礼、何源、陈□宋、陈福□、尹道忠、唐斌、刘鉴、覃友福、□志林、丁旺、陆□、王法全、瞿镛、何昇、郝氏大□氏妙□蒋通和、苏斌、花意胜、艾明刀，工匠人王全真，天顺七年三月十一日造，玉皇大天尊玄穹高上帝，鄂公神镇。

15

襄阳市谷城县承恩寺钟楼明成化十一年（1475）铜钟

现存于襄阳市谷城县承恩寺钟楼。铸于明成化十一年（1475），铜质。通高230厘米、口径158厘米。钟纽为双龙背向蒲牢造型，龙体形象塑造生动。钟肩一周有24个立体浮雕的莲瓣。钟体由纵带和横带划分为大小相同的八个方区，横带位于钟体中部。钟体铸满梵文，并饰以莲瓣纹、龙纹、火云纹。方区与钟裙之间有一周八卦符号。钟裙为微微凸起的带状台地，上部边缘铸一周梵文，钟口外侈、八耳波弧口，撞座位于钟耳。钟体满铸梵文，仅有"皇帝万岁万万岁"和"大明成化乙未月吉日制"共17个汉字。

图一

图二

图三

图四

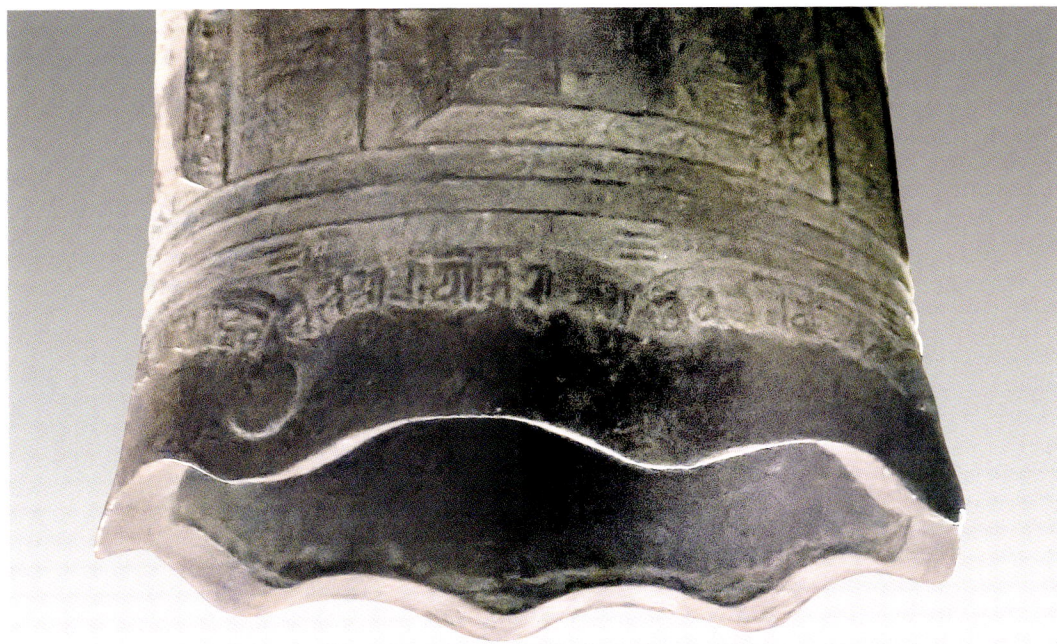

图五

16

明弘治六年（1493）铁钟

十堰市郧阳区博物馆

现存于十堰市郧阳区博物馆。铸于明弘治六年（1493）。铁质、通高206厘米，纽高40厘米，底口直径162厘米。钟纽为双龙头蒲牢造型，钟肩部装饰一周莲瓣纹。钟体分四层，第一层六个方区，方区内两两组合，共有16个花瓣形开光，每个开光区内铸一个篆字，分别是"皇""图""永""固""帝""道""遐""昌""佛""日""增""辉""法""轮""常""转"。第二层和第三层分别有六个方区，方区内满铸铭文。方区与钟裙之间环绕一周粗绳纹，钟裙一周饰八卦符号，八卦符号之间装饰雷纹，其下环三道波弧形细阳线绕钟体一周。八耳波弧口，弧间距60厘米。

图一

铭文句读如下：

皇图永固，帝道遐昌，佛日增辉，法轮常转。

湖广郧阳府上津县清明寺，第一代开山住持僧广宗，第二代住持僧悟怜护印，僧悟中、悟秀、悟善、悟果、悟圆、悟净、悟洪、悟胤、悟泰、悟丛、悟俊、悟成、悟道、悟呆、悟开、悟松，法孙本越、本德、本礼、本来、本旺、本香、本觉、本贤、本木、本贤、本全、本香、本宝、本宽、本计、本演、本俊、本名、本成、本缘、本呆、本喜、本受，重孙真宝。

本县知县程瓒，主簿程祐，典史王袭，儒学教谕欧阳英，训导吴高，阴阳学训术张志达，医学训科冯时，致仕官县丞张正、冯春，听选监生冯昂、□傅、齐冕、刘琪，寿官冯秀、高昇，致仕官胡敏、肖清、吴才，训导谢翔，义官冯珊、冯琳、雷迅、郭良、汪员、谢潜、曲节、丁洪、刘冲经、段云鹏、刘仲书、刘文□，县吏杨求钦、杨震、王恺、李演、李杰、李奈、孟信、周冕、王延玉、王儒、执杰，老人郑文智、黄春、雷秀、姚旺、李俊、贾德、陈洪、冯彪、马喜、张洪、郭洪、客商徐四、徐六、徐便、徐楠、龙海、叶本二、姚厚、孙秀、沈文荣、徐逊、张才、王彪、郭庆元、师文广、吕宽、金胜、冯旺、冯喜、王德、王森、王友、赵福缘、朱广、朱海、朱德林、尹刚、刘宣、张福清、张彪、陈红、龚能、沈连、王友、李标、孙福、张喜、张文聪、吴成、解志、胡景聪、王普兴、□志聪、□友才、□伯通、康仕诚、康仕□、陈信、刘宣、高清、王景禄、王景和、王进、黄彪、梁福□、王俊、王晋善、

图二

白顺、段景芳、王篮、周清、陈完、王得、贾旺、魏才、魏成、兰受、石廷柱、赵端、曾全、李承、肖英、郝志聪、杜贵、郑宣、郑进、李岩、伍深、郑友才、贾云、贾俊、李让、李名、李海、孙隆、王释、郭喜、张朋、冯熬、郑悔、郭秀、郭才、杨知、杨春、姚普亮、杜缙、潘普顺、潘英、李秀、陈聪、常彪、常知、常通、温广、李景、常志晓、肖志海、任春、肖福能、郭景春、张泰、赵连、□能、李见、梁刚、校福兴、校巳才、雷祥、李彪、刘海、刘江、范怀、冯海、罗海、马聪、胡瑞、刘普中、杜禅、杜惠、杜斌、秦记、秦彪、钦和、严聪、顾伯能、张瑄、杨知、乔秀、李成、吕闰、刘清、刘敖、马俊、马彪、胡俊、高普成、张中、席福成、席荣、陈俊、余太、郭

图三

普中、李普聚、郭俊、郭亮、常檐、吕宽、张旺，生员赵荣迁、曲偆、雷时、孟清、闫信、康德耀、康相，差头赵启、郭□、雷澄、韩杰、郭仲良、赵景文、张浩，信女孙氏、康氏、张氏、张氏、王氏、杨氏、龚氏、陈氏、段氏、刘氏、蒋氏、郭氏、郭氏、刘氏、刘氏、慕秀妻许氏黄妙音喜妙才。泾阳县客人王森、李氏、王文、赵雄、刘福正、悟应、悟安、付笋、冯真、闫伯通，妙缘张友知、鲜昇、李景、张友、潘庆、冯秀、张礼、张能、谢文魁、龙清、王成、张敬、陈怀、李秀、□悔、王海、张二、张海里、李文秀、刘通、□德荣、□志才、□文知、苏福海、张瑄、杨海、常昭、曲□、曲昭、曲政、曲秀、李见、张德三、张觉、解能、杨秀、孟福海、孟普方、孟谅、赵丰、赵俊、赵荣显、赵荣达、赵荣魁、赵睿、韩四、高仕觉、王福贵、王安、李成、樊铎、王友德、杜志、陈恕和友端龙氏妙德、张氏妙福男和思仁、思义、思孝、思忠、思道、计福荣、龚福才、康名、康海、康富、康才、杜知、陈恕、康敖、杜本、常福志、鱼得、鱼福海、鱼归胡、鱼景先、王福俊、寇良、李福刚、李福荣、李彪、李昇、李敖、李福成、李真、王左、赵普□、冯得、李蜜见、□福、樊春、刘演、梁和、安锦、唐恕、王

全、王才、高普成、高普名、高友才、刘通、译寅、张荣、冯谦、白文贵、尚聪、黎仕信、黎宗、黎仕端、黎仕槐、黎仕方、黎仕友、黎源、黎海、黎润、黎澄、黎普、黎成、黎涌、黎□、黎俊、刘福祥、赵广、赵俊、王择、段林、寇顶、张友知，快手总甲苏名、李福连、李得才、李巽、李清、梁亨、李普明、张觉、李见、杨秀、杨普名、杨

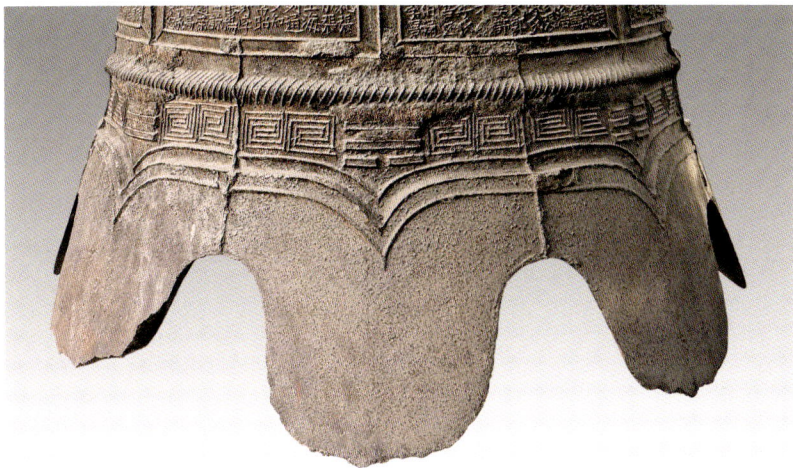

图四

昇、刘伍、曾谅、胡海、刘得山、雷彪、于得江、王真、党广、张普聪、宋海、栢安、陈平、陈伯同、陈福中、刘孟常、董顺、王宽、魏太、郭端、陈谅、陈海、陈宗、乔温、乔广、乔吉祥、乔觉让、雷福、王景方、齐宽、王道仙、杨妙会、杨文、崔青、崔钦、崔孟书、邓才、邓福、闫伯英、田能、杜本、王雄、王四、江玉、刘伍、韩恕、江石，客人胡赞、刘端和、刘子洪、何道贤、邓琛、肖伦、徐真、吴高、张雷、张云、韩成、张仓、张可、丁旺、丁谦、郭智、丁普名、曹善、董普善、李然、张亨、刘普祥、苏福彪、王志、黄福、葛福钦、葛源、葛润、王才、赵氏、王建、李氏、王普、刘氏、王禄、陈氏、王会、刘氏、王善、黄氏、郭景消、郭奈、陈友、陈岩、张林、肖泮、张全、王普芳、冯普圆、冯春、冯伯友、张亮、吴聪、李进、刘魁、李全、王江、万友才、刘福全、刘本、于普见、张秀、刘青、王普忠、张秀、樊普□、张红、傅宪、刘访、李普秀、王普勤、刘明、周全、康肃、杨达、杨智、王秀、王志、王道正、刘得、李安、刘福成、王景春、张全、张善、丁岩、丁全、丁俊、王秀、张泰、伍福、杨顺、梁和、唐让、李秀、赵祥、赵友才、陈普通、牛文秀、田林、易良、古秀、曲聪、张成、谅无边、张呈、赵谅、戴福、强温、强清、强郁、党资、贺敫、寇宣、陈鸾、李中、苏清、李旺、郭振、杨仲斌、陈和乐、杨忠、何肃、张福能、杜铉、李厚、李通、冯云、曹普然、苏能、王忠、王明、王行、崔峰、张福让、雷志和、张颢、李俊、巨怀、李才、来芳、何应全、李鉴、郭资、寇颐、寇仙、李孟常、刘海、刘胜、康亮、龙福、藩定、闫孟常、王聚、江右，客人杨震、槐胜、罗福喜、张福佺、张文杰、杨普山、藩行高、藩文必、张文□、刘源、范福珍、范得山。

　　诸山各寺住持僧，净金、道聪、道缘、道宝、圆晓、能彻、缘秀、净朗、圆洁、广林、□林、悟端、净还、净兴、道空、恺真、恺能、清湛、妙音、德惠、圆昊、德贵、德恭、广全、圆顺、能辨、法宝、德信、恒能、成宣、法成、周海、普圆、净演、悟能、姜秀、道聪、明兴、明音、惠钦，偈曰：闻钟声，罪业轻除，地狱姅火坑，菩提长智，惠生愿成，佛度众生，□伽啰啼□姿诃，曹洞宗派净明觉海圆弘广悟本真常惠性宽祖道正宗传化演普通法界定心安皇运，弘治六年岁次癸丑三月吉日造，泾阳全火匠人陈福圆、陈福□、陈铃双，庙□观音寺化主道文南无海潮音菩萨，计铜铁五千斤。

17

襄阳市博物馆
明弘治十年鎏金铜钟

现存于襄阳市博物馆。铸于明弘治十年（1497）。铜质，通体鎏金，通高 25.8 厘米，口径 16.5 厘米。钟纽为双龙头蒲牢造型，龙鳞纹路清晰。钟顶较平，钟肩方折，装饰一周立体感强的莲花瓣共 16 个，莲花瓣内有对称如意云纹。钟体由凸弦纹和纵带分为 8 个方区，方区内饰云龙图案，方区之间共饰 8 个如意云纹。方区之下为海水江崖纹，钟裙为微微凸起的带状台地，分布四个圆形撞座，八耳波弧口。钟裙有铭文，句读如下：

大明弘治丁巳年十二月吉日，坤宁宫施。

图一

图二

图三

18

恩施州博物馆藏
永宁寺明正德九年（1514）铜钟

现藏于恩施土家族苗族自治州博物馆。铸于明正德九年（1514）。铜质，通高137厘米，纽高22厘米，底口直径98厘米。钟纽维双龙头蒲牢造型，龙身细瘦，龙首有人脸化倾向，龙嘴紧咬钟顶上凸起的小铜柱。钟顶平直，钟肩圆润，饰有一周细阳线花草纹。钟体环铸铭文，没有方区，仅有四个纵向长条状方框，方框内有祝颂语，钟体铭文区下方有一周卷草纹和七条凸弦纹，沿着凸弦纹在钟体四周对称分布四个圆形撞座。钟裙有凸弦纹，底口平直。

图一

铭文句读如下：

皇图巩固，帝道遐昌，法轮常转，

佛日增辉，风调雨顺，国泰民安。

湖广都司麻察所鼓震山永宁寺侍佛，铸造洪钟为首远孙比丘明魁。谨同出资布福，信官唐明德，同缘信女向氏妙全、男唐夔。官舍唐幸恩泊合山僧俗寺维日皈投金相允鉴，葵枕以比丘言念，忝在空门，叨承佛法。戒律有亏于日用，精修无益于时中。荏苒韶光，虚延岁月。切见本寺建竖故官唐冠，谨抽家贿，于成化戊戌年十一月吉旦，修造永宁禅寺全像，俨然廊庑俱备。缅忆岁月，饕餮衣食，晨昏钟鼓铿锵，启造铜钟，永充供养。但信官明德谨备家资，贿赂诱引，善信遵崇，各临相依，同成福果，上愿皇风永扇，法雨均滋，边境清宁，干戈永息。僧俗兰□。诚万缘如意无虞，世世生生根基巩固，造斯为记遐迹。

燕居□明魁谨题□唐享唐氏唐万。显正□皇明正德九年申戌岁五月端阳吉旦置造。功德主信官唐明德，道中信女向氏妙全、男唐夔、女善庆、善秀、弟唐明善、李氏、男必位、必禄、必寿、唐明惠、唐明显、朱氏、男必登、唐明通、刘氏、男必胜、周氏，信官纲纪、王氏、母刘氏、刚绾、朱氏、男建中、刚廷、□向氏、男亲缘、保荆胜祖、保兰、保女普庵、孝孙女刚善、刚妙、女官舍唐大全、向氏、男唐幸恩、向氏庆妙、男唐幸爵、刘氏、□□、男幸荣、刘氏玉锁、男幸泽、乔氏、男唐大铭、艾氏、

图二

唐大用、唐世清，余氏妙、田氏、张氏、赵氏、男唐大显、唐庙清、唐食、覃氏、男大权、向氏、大庆、大明、大咸、唐窑、刘氏、唐密、杨氏、男大文、尽真女、唐□、刘氏、□□□、刘氏、男大纲、大纪、唐氏、唐罕、刘氏、□□□□、唐□、张氏、唐感、双周表母唐氏、宜周寿、周爵玉真女唐祖禄周氏。

信官唐立正、唐向氏、母易氏、唐立贤、程氏、唐万珠、唐氏、王君女，信官向辅官男向大韶、唐氏、男天□，保观音、保延寿、保女贤□能□，向大武、唐氏青灵，保向大文、唐氏、大成、大禹、刘氏、唐氏、向氏妙杰、向文、刘氏、男胜祖，保新春、保信官刘大、向氏、男长寿，保长安、保祖宗，保刘名立、唐氏、刘大海、大江、大震、大王、刘氏、男天君，保刘名时、向氏、男金中，保刘名朗、向氏、信官刘万乐、向氏、刘大麒、张帅，保□□□母向氏、妙祥敕母唐氏、善隆女刘妙音、刚氏妙音、女善福善寿、刘万真、黄氏、刘万全、唐氏、刘万权、唐氏、刘万忠、唐氏、信官朱升、熊氏、男朱廷秀、向氏、女玄□女。

信官刘乾、唐氏官、男刘世安、唐氏、大安、唐氏、刘万安、卓氏、永安、刘干、刘干、向窑、向氏妙盈，信官唐世贤、刘氏、唐氏、二王帅女，信官程万里、唐氏、男程自然、覃氏、男二真保、程自熙、程自显正元、保尽元、保世雄，信官朱正、杨氏、世英、世杰、邬氏、世明、世交、世万，女妙静、妙端、朱恩吉祥保朱贤、唐氏、朱世武，信官唐本忠、向氏、母向氏、男唐一德、唐氏、唐志、唐

图三

图四

本惠、唐口、朱恩、刘氏、□□、谭伏明，信官向世廉、唐氏、男万金、万才、向世端、世万明、口邦，信官向能、嫂尹氏、唐氏、二向才、向廷辅、唐氏、向廷良、向廷纲、覃刘氏、廷恩、唐氏、廷、向□、刘氏、大胜宗女，信官覃贵正、唐氏、母唐氏、男凤麒、凤真女覃表正、卓氏、卓荣正、唐氏、母唐氏、远道、覃氏，信官唐世元、覃氏、男上母刚氏□，信官李干、陈氏、男时用、时勉、□用程氏、□□唐钦、唐旦、用氏、覃惠、唐氏、朝万金。

19

京山市博物馆
明嘉靖三十□年铁钟

现存于荆门市下辖的京山市博物馆。铸于明嘉靖三十年后。铁质、通高 72 厘米，纽高 17 厘米，顶部直径 29 厘米，底口直径 52 厘米。钟纽硕大，为双龙头蒲牢造型，龙背高耸，龙头咬合钟顶，四肢粗壮。钟顶较为平直，钟肩转角圆润，8 个莲花瓣环饰一周，钟体分为八个方区，上层四个方区较大，满铸铭文，方区之间有祝颂语，下层方区部位外撇，方区面积小且为细长条形，内无任何装饰，小方区之间是四个圆形撞座。钟裙无台地，八耳波弧口，弧间距 17 厘米。

图二

图一

图三

铭文句读如下：

　　皇图永固，帝道遐昌，佛日增辉，法轮常转

　　京山县当会□□□□□□□□□□□□□□□首徒弟
洪湖□女□子周奉号天□徒弟，□□□□，恰□□□，
言合□□，□□□仃，同谒宗师，功□□漏，□慕无
为，□□血戚，仪□□寅，二□意相，符自□宝，□成
善事，铸造洪钟一口，□□□□□，本寺□□□□圣道
堂，内承□□，养□□□，善根增长，业障消除，□□
说□，皆□□法，慧面□□，□自圣固，道□□□，
□□方，□□□□，□□万□，回路□称，山门
请吉，僧徒绵延，时岁意稳，□□□□，万□□□，
□□□□□

　　嘉靖三十□年十吉日，金火匠□□。

图四

图五

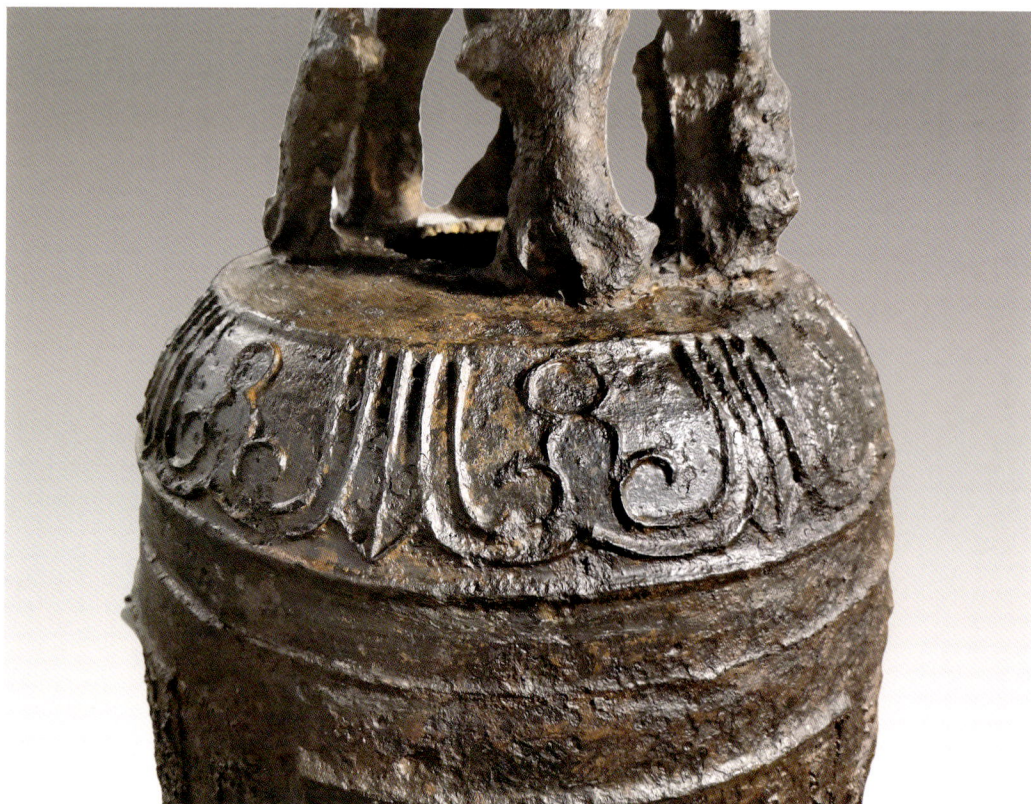

图六

20

明嘉靖四十二年铜钟

十堰市武当山金顶

现存于十堰市武当山金顶。铸于明嘉靖四十二年（1563）。铜质、通高61厘米、纽高15厘米、底口直径48厘米。钟纽为双龙蒲牢造型，钟肩一周莲花瓣，共8个，每个莲花瓣内有卷云纹。钟体分为四个方区，方区之间有祝颂语，方区内框有铭文，内框上方有八卦符号，方区下方有两道粗弦纹，钟裙外撇，四个圆形撞座对称分布于钟裙四周，撞座饰花瓣纹，撞座之间有两道粗弦纹连接，底口平直，口沿饰两道弦纹。

图一

图二

图三

铭文句读如下：

皇帝万岁，太子千秋，风调雨顺，国泰民安。

钦差大岳太和山兼分守湖广行都司，拜荆襄郧阳三府及附近淅川商州等处地方，内官监太监吕祥、□随、吕溃、敖渊、张庆、魏纶、魏绅、李隆、李淳、钟恺、李通、陈坤、陈禄、杨锦、钟庭奎、杨恩，嘉靖四十二年六月重造。

长沙吉府承奉正李献、典宝正王明道、典仗周珍、仪官李定造，舍铜钟一口造上，大岳太和山金殿供养，荣绿道姑田得仙，嘉靖十一年五月吉日造。

21

十堰市武当博物馆藏
明隆庆四年（1570）铁钟

现藏于十堰武当山博物馆。铸造于明隆庆四年（1570）。铁质，通高 34 厘米，底口直径 27 厘米。钟纽为中间穿孔的圆柱形，钟顶面积极小，几乎全部被钟纽占据，环绕钟纽饰一周乳钉纹，钟肩倾斜角度较大，8 个莲花瓣绕肩一周，四个直径 2.5 厘米镂空圆孔对称分布于钟肩四周。钟体由较粗的凸弦纹划分为四个方区，方区内铸有铭文。方区之下饰一周莲瓣，莲瓣大小相间，共计 12 个。钟裙为高凸的连弧形台地。口沿为八耳波弧形，饰如意纹。

铭文句读如下：

河南汝州鲁山县十一啚、现在东关居住信士李文峰、妻董氏、关氏、武当山并重人冯春等铸一钟，重十五斤，父亲李兰、母王氏。隆庆四年十月二十日造，金火匠赵万库。

图一

22

十堰市武当山南岩
明万历四年（1576）铜钟

现存于十堰市武当山南岩"打金钟"处的悬崖边。铸造于明万历四年（1576）。铜质，通高 38 厘米，钟顶直径 17 厘米，底口直径 27 厘米。钟纽为双龙蒲牢造型，钟顶呈穿弧形，钟肩部有一周立体感较强的莲瓣纹。钟体由纵带、横带划分为上、下两层，共 8 个方区，方区内有铭文。上下方区之间有三条凸弦纹环绕一周。钟裙外撇，表面没有台地，均匀分布一周八卦符号。钟口为八耳波弧形。虽有铜锈，但钟体保存完整。因调研当日管理钥匙人员未上班，无法近距离观看。南岩文物保护负责人王主任提供了武当山文物管理所文物登记卡，从登记卡上得知钟上部有铭文和捐献人姓名，具体内容未辑录。

图一

23

明万历十年（1582）铁钟
荆州市铁女寺

现存于荆州市铁女寺。铸于明万历十年（1582）。铁质，通高99厘米，纽高32厘米，钟顶直径23厘米，底口直径94厘米。钟纽为双龙头造型，龙体细瘦，龙头俯身咬合钟顶面。钟顶呈穹弧形，钟肩装饰一周莲瓣纹。钟体由凸弦纹和纵带划分为8个方区，上层共4个方区面积较大，布满铭文，方区之间的间隔区有铭文"风调雨顺""国泰民安""庙食千年""香火兴隆"；下层四个方区面积较小，呈细长条形，八卦符号环绕一周，方区之间有4个撞座。钟体下部外撇，钟裙光素，钟口沿为八耳波弧形，耳弧间距38厘米，钟耳壁厚7厘米。

图一

铭文句读如下：

风调雨顺、国泰民安、庙食千年、香火兴隆。

湖广荆州府江陵县第二都石马头席家埠土地居住一坊善信重造，喜舍信官与街掌郑崇，指挥孙光祖，百户许待聘、彭年、陈应祖，信士孙德用养用大□、谈世荣、李宾、何东明、马良栋、陈良□、熊赏、朱官保、王廷连、温光、王保一、潘龙向、孔仁、孙栋、胡□、陈现、殷向扬、陈忠、何教、郎栋、杨奎、刘克伦、王若□、王宗、何□□、田儒、江文□、陈现、汪友付、汪朝阳、郑伏、黑从敬、陈□、陈定、黄景、蔡永年、张文□、陈□、段玉锦、金廷俸、□奇、胡相第、席文、周□、张廷惠、间其政、汪起中、郑□、李真、杨天六、岳大胜、余庆、李生一、李林、陈顺、查朝彬、吴山、鲁继唯、熊钦、张世弼、宋荣林、刘造、戴奉、周伏、陈明辰、毛友仁、宋奎、李方、汪朝得、万儿、王浦、冯万十、雷明休、吕朝奉、罗甫、付廷云、付文、喻洗、喻秀、徐禄、邓奉、周廷奉、华中英、张应朋、张应聪、刘大奉、李应左、彭□□、□廷贵、许全、蔡钦、章文璧、宋朝海、□□贵、刘惠、蔡岳、刘锁、杨华、□廷学、韩彦、占恩、陈奉、许桂奇、刘月、许拱辰、祝乾、宋弟、蔡茂、刘元、覃仲方、章文德、章文星、张桂、陈见，惟□信士许元虎李氏、大李氏三男、许朝辰刘氏、许谒辰书光、许孝蔡氏，为首信士曹鸾刘辅何氏、章鹏田氏、宋廷富万氏、杨鹪陈氏、吕朝汉刘氏、张廷兰罗氏、徐不疑蒋氏男徐登□、张仁程氏、正□玉生刘应魁李氏、□旦□刘应元罗氏男刘报国、宋禄田氏、刘应科刘氏男刘定国、末六刘应举仇氏男卯□、张义王氏二金□举□、杨廷栋胡氏男杨逢春、蔡人吾李氏男、吏旦张礼喻、曹旸章氏章文奎汪氏男章焕。铁计一千斤正，万历十年季秋月造。住持化主僧广宣天下太平，徒圆皖、正惠，全火匠人胡文男、胡天祥造。

图二

图三

图四

图五

图六

图七

24 明崇祯十二年（1639）铁钟

荆州市开元观

现存于荆州市开元观。铸于明崇祯十二年（1639）。铁质，通高166厘米，纽高34厘米，钟顶直径63厘米，底口直径117厘米。钟纽为双龙头蒲牢造型，钟肩部装饰一周双线莲瓣，共12组。钟体上部4个方区，方区之间的间隔区内铸有阳文"皇图巩固""帝道遐昌""佛日增辉""法轮常转"。钟腰处上下各有两道粗弦纹，弦纹内的空白区域装饰一周八卦符号。下部钟裙外撇，有一周凸起的波弧线，八个直径为12厘米的圆形撞座环绕钟体均匀分布在波弧线下凹处。八耳波弧形口沿，弧间距45厘米，钟耳壁厚7厘米。

铭文句读如下：

皇图巩固，帝道遐昌，佛日增辉，法轮常转。

大明惠王，

大明崇祯十二年四月□。

图一

图二

图三

图四

图五

图六

25

钟祥元佑宫
清顺治甲午年（1654）铁钟

现悬于钟祥市元佑宫钟亭内。铸于清顺治甲午年（顺治十一年，1654）。铁质，锈蚀严重。通高210厘米，纽高38厘米，体高172厘米，钟顶直径100厘米，底口直径155厘米。钟纽为双龙蒲牢造型，钟顶有浇铸柱，钟肩有一周云纹。钟体三层共十二个方区，上部两层的八个方区较大，下层方区略小，方区内满铸铭文。八耳波弧形口沿，弧间距50厘米，钟口壁厚6.8厘米。

图一

可识别铭文句读如下：

风调雨顺，国泰民安，道日增辉，法轮常转。

□院□□□□□□□，□道中军守□□□□，□镇□中单守□朱□龙，□□□旗□谷□□□，千总□□□□，把总孙祯□王国□、梁顺奇、杨□，安陆府□□□□□□，□□□□□，钟祥县捕□□□，潜江县捕□陈□□、□□、王□、郑世胜、周□、杨洪汉、张秋、赵志昌、何有功、王之臣、董□□、冯□真、李一俊、党凝海、李应秋、宋鸣凤、祁□、刘毓秀、白自成、马启旺、董朝俸、吴□才、男长受、李贤、白海、□□□□、吴绍熹。

信士□一鸣、男洪基、袁□伦、杨氏；王世魁、王士保、男昌时、汪文□；吴江、男洪彻、邵继宗、男世□；邵大安、男世安、邵继统、邵继美；杨新明、男仲进、杨中正、杨中立、男弃出；李世魁、男恒省、熊叶□、温席、男大□；李扬、男乔年、李□声、男绵祚；

蔡□□、男□奇、庞□敬、黄□、士振、□□巾、国凤、谢遇春；

□士许太茂、吴衍、周熊□渭、□世□□、大姐二姐、程之、觉男大传；□□□、潘保、陈士弘、邓上达、□□□、陈□□、□道几、□□□、杨芳□、□□□、□□光、□□□、王文明、男□□、邓□言、杨亢荐、□□元、□□、□继志、□正□、□上远、□定□、□泰吉、魏□公、□光声、欧□□、王运□、何现右、□夔□、何士□、何□□、李仲、□自□、□□□、刘道远。

□一姚氏胡一李氏彭氏，刘一高氏三法名妙然，咨一□□氏□一祁氏。

原□故西平凉府固原□人氏，今于□泊二手出家重建□□宫，弟子陈真一、□宫焚□弟子吕永昌、□永坤、张常

图二

信、龚常□、陈常照、彭常惠、吴常玉、吴崇光、童得和、李明法、仇常远、吴真静、隆季元，令火匠士□正宝造，□□慈。

内翰林国史院学士刘肇国、□□；潼川州□宁县知县刘昌、男生员刘足国；□□士文林郎知高平县事刘广国、□官邓□国、信吏刘□国、信官刘信国、□□刘□、刘僬；□阳□□室人欧阳氏、刘相国、□□□、刘道□、经道常、□□、李□□、□诜耆□、□员李善□，同绿朱氏、□□□□□□□□□□□□□□。

潜江县□缘信士九十余、柴一云、男柴应旌、柴应媛、柴应□；莫兴奇、莫若全、余增龄、□□、杨之俊、柴一洪、孙柴士标、郭文智、□、孟大定、李文高、刘启贤、刘启□、刘□嘉、刘瞻光、刘鸣凤、刘亮、许官、许策、许慧、许□许□胡之、许□中、刘启德、郑伸、□应谏、郭悌、男秉政、郭恺、男秉□、卢应忠、卢尤、雷起潜、朱会、肖钦、胡之柱、蒋玉、肖体、许执策、许长陛、许三春、许三碧、熊维□、男熊□、陈遥瑞、陈加述、徐应□、肖应凤、彭元、周全、史登□、杨国凤、李兴家、刘声□、郭启明、男大经、大维、郭文再、郭重壁、刘□、陈志□、彭巡、胡尚明、吴士旸、周德元、郑国明、许□、蒋思贵、蒋文英、蒋连登、张启槐、王□□、邓州传、□远边、周□□、应贵、程尚□、熊尚惠、思思、李天□、欧□志、□羽遥、监时章、□必成。

信士□□、□忠、陈起□、郑□、男元生、刘嘉□、石□□、钱□□、刘□□、奇、王□□、郝应祥、陈□□、男陈章、邓士淳、廖□试、吴士昌、陈圣言、汪锐、黄□兴、刘纶、王国顺、张国□、肖氏、余□、孙余珍、

图三

图四

诚、李思才、祁廷囗、王国启、胡题、郭往囗、高选、男高大、李斛、周氏、江试囗、陈氏、囗思囗、杨士科、囗锁荣、李世英、陈尚贵、刘应澄。

刑部尚书刘若金、囗士文、林节知囗西县事，囗囗贵、田广生、王道立、朱元贞、男囗囗囗、囗四极、刘泽囗、陆迅赏、郭春囗、郭囗囗、囗囗囗、郭春滧、郭春浩、囗囗计、囗祖、方世囗、囗囗干、郭春咏、郭春昶、彭囗囗、谢囗囗、囗囗、囗囗囗、囗广。

生员江膳、江龙、正启、囗孔教、囗民圣、陈陞、李荐、吴囗扬、仕守青、陈怀德、李加祥、高三英、王正言、仕守爱、仁政、李孟钦、杨榑、李之楪、许明囗、姑囗囗、徐待朝、囗吉云、黄家桂、朱国文、蔡至齐、朱国囗、万枝囗。

潜江县斜囗信士朱弘本、男袁贞吉、卢再仝、男囗囗、李侍文、刘渐盛、文承运、刘

图五

渐囗、男刘钦、刘钟、刘囗、孙启瑞祥、囗祥、男信吏囗囗囗生日囗文烛、朱应囗、囗囗、周囗昭、刘氏、男胡囗、囗文、男囗植、囗相、孙凤鸣、囗囗囗囗囗囗囗囗囗阳、男囗凤、囗世荣、张氏、女囗姑、蒋囗、男囗囗、囗囗囗、吴囗高、单国明、陈氏、男囗囗、囗囗、囗氏、男世禄、刘自成、郭氏、囗囗囗、卢德、王囗、囗华、王囗囗、王尚玉、王囗囗、赵明宋、周囗囗、周之炳、周天囗、岳向阳。

山西囗善秦应冬、囗囗囗、约文元、杨囗囗、杨一震、李白囗、周玉美、囗囗囗、钱囗囗、囗囗囗、谢君诰、囗囗、徐应囗、欧囗囗、杨时囗。

钦差分囗荆西道湖广布政使司囗议李囗馥，钦差湖广湖北囗囗道囗囗囗副使囗布囗囗囗囗右囗议囗鸣凤，囗囗囗镇湖广囗囗囗，囗囗副总兵万囗程囗，钦囗部江西司囗政囗之囗，

湖广安陆府知府李起元，同知马凤囗，通判国囗囗官、周龙甲，安陆府钟祥县知县佟囗囗，潜江县知县何赓昌，囗囗政囗氏、姚西维、熊氏、王国囗、囗氏、囗囗囗、张氏、王大蒋、邓氏、陈应囗、张氏、囗囗囗、囗氏、戴囗、李氏、囗邓囗、囗氏、囗有明、王氏、刘会囗、田氏、王囗囗、囗氏、囗囗囗、张氏、曹囗志、王氏、何贤、周氏、囗囗囗、杨氏、囗囗囗、李氏、郑全、囗氏、囗囗囗、氏、囗男尹、张一龙、陈氏、囗囗囗、张氏、囗囗囗、囗氏、戴良有、陈氏、刘启光、秦氏、冯囗、唐氏、杜囗、囗氏、囗囗龙、冯氏、徐囗囗、陈氏、徐囗、囗氏、朱元祥、石氏、囗嗣君、王氏、张囗囗、囗氏、毛起龙、囗氏、李囗、戴氏、囗启明、囗氏、囗光启、王氏、李朝柱、史氏、邵喜、囗

氏、顾□□、陈氏、孙再、□氏、
□□□、□氏、杨正□、陈氏、
张弘、□氏、□□□、欧氏、江
起□、□氏、王应觉、谢一、江
氏。

　　本府□□□从政□会□□人
□，潜江县□□姓人等各捐布施，
铸造洪钟一口，于□建元佑宫，
永远供。

　　顺治甲午年十二月初日吉造。

图六

图七

26

荆州市开元观

清康熙二十一年（1682）铁钟

现存于荆州市开元观内。铸于清康熙二十一年（1682）。铁质，通高140厘米，纽高28厘米，钟体高112厘米，底口直径105厘米，钟唇壁厚5厘米。钟纽为双龙蒲牢造型，龙首有人面化倾向，龙体细瘦。钟顶呈圆弧形，钟肩部饰一周双线莲花瓣和一周乳丁纹。钟体由纵带横带划分为八个方区，上层四个方区面积较大，内铸铭文，方区之间有祝颂语；下层四个方区内饰荷花、荷叶、莲藕纹和几何纹，方区之间有四个圆形撞座。钟裙部位有三道凸弦纹和八卦符号，没有台地，接近口沿部位亦一道连弧形凸弦纹绕钟体一周。口部微外撇，八耳波弧形口沿。

图一

铭文句读如下：

　　皇图巩固，帝道遐昌，佛日增辉，法轮常转。

　　大清国湖广州府江陵县在城居住奉佛功德主王元海、鲁洪耀、朱惠聪、贾明直、张修龄、徐自昂、胡共济、禹福海、郑永太、宗惠正、王越、李同方、刘题沛、张奇才、王斗、庐洪铠、朱大年、焦以宏、刘文魁、李尉颖、李世先、罗应孝、王洪定、李祯、龙英、杨荣、蔡正英、苏恢、贺□羌、徐兰、王崇善、王朝选、□□法、苏汝先、孟紫来、庐调元、萧国顺、喻国选、胡第、严凤、程南钦、男启程、程财、谭一元、王□、任一瑞、□元望、兰斯友、周文举、王鼎、□道正、毛国栋、□

图二

图三

图四

安国、杜世昇、朱华、杜应成、盛玉兰、蔡门朱氏、鲁万福、喻氏、汪氏、□氏、庐本忠、□世荣，信士主□□王氏、张□□、□□□王氏、陈□朱华□氏。

开山蜀夏大戒比丘越形、□子尘、□悟心、重孙真□，发心捐资铸造千斤洪钟一口，入于准提庵，永远供奉。康熙二十一年八月造。金火匠张应干、戴应星、戴应宏。

图五

图六

图七

图八

27

十堰市武当山紫霄宫紫霄殿
清康熙二十六年（1687）铁钟

现存十堰市武当山紫霄宫正殿紫霄殿内，铸于清康熙二十六年（1687）。铁质，通高123厘米，底口直径100厘米，整体破损较严重。钟纽为双龙头蒲牢造型，龙首面部人脸化。钟顶呈穹弧形，顶上有两个柱状浇铸口，钟肩转折明显。钟体逐渐外撇，共分为四层，每层分为八个区，第一层有铭文"紫霄宫太平钟"，第二层为铭文集中区，共有114字，第三层有四个饰莲花纹的撞座，第四层为钟裙和口沿。钟裙光素无纹，八耳波弧形口。

图一

铭文句读如下：

紫霄宫太平钟：

钦授中宪大夫、分守湖广下荆南道□议信官霍焜，

钦授奉直大夫、均州知州信官江阁，

监铸吏信官杨淮昌，

钦授荣禄大夫、协守均房左都督□□□□，信官黄成□，

左营守备信官李□瑞，

监铸把总信官刘应□，

康熙二十六年十月吉日监铸，道官胡得岁，□造董进昌。

金火匠杨□□、冯之祥。

图二

图三

图四

图五

图六

图七

28

荆州市开元观
太平庵清康熙二十八年（1689）铁钟

现存于荆州市开元观内，铸于清康熙二十八年（1689）。铁质，通高 144 厘米，纽高 28 厘米，钟体高 116 厘米，底口直径 110 厘米，口部壁厚 5 厘米。钟纽为双龙蒲牢造型，钟顶较平，钟肩一周细阳线莲花瓣，花瓣轮廓形似梯形，钟腹部划分为四个方区，内铸铭文，方区之间有四句祝颂语，方区上下各有一条水波纹饰带。钟裙环饰四个长方线框，线框内饰花草图案，四个圆形撞座均匀分布于四个线框之间，其中一个撞座呈旋转的涡轮状。钟体口沿为波弧状，表面饰有八卦符号和波弧形细阳线。

图一

铭文句读如下：

　　皇图巩固，帝道遐昌，风调雨顺，国太（泰）民安。

　　杨世奇、姚玉羡、徐正元、白自信、白天章、何应元义，主持比丘佛命徒越常、徒孙祖伦、山主张天彝行僧越慧、中善喜施钟洪一口，入于简箕山洼太平庵永远供奉，匠人鲁玉卿、张启嗣造。

　　康熙二十八年造。

　　湖广荆州府江陵县各姓土地居住第二□。

　　会首樊文奇七分五卜，会首赵惟元六分五卜，会首李国太六分五卜，会首李国玺七分五卜，会首杨青蔚六分五卜，会首汤一德六分五卜，会首孙云登七分五卜，郭自广、（郭自）灿六分五卜，单观望五分，李宗昌三

图二

图三

图四

图五

图六

图七

分，王天祥三分，李美之三分，余相文三分，程应宗三分三卜，王天富三分二卜，李良臣三分二卜，樊□俊二分，张思玉二分，徐荆凤二分，刘禹银一分，张子和一分五卜，张国祥一分七卜，李可玉一五卜，司国鼎一分，李攀桂三分，王童一分，曹士弘一分，王应干一分，张□琦三分，四川万县会首萧世魁、会首刘凤、会首张帏、会首范天禧、会首张正贵、张正荣、张正凤、张正禄、张正友、向友伦、张良斗（文、子、国）、黄中极、文天□、黄庐、代上春、李林、冯心玉、刘应仕、刘良、向大禄、李福、陶进忠、甘朝福、梅紫玉、王成修、张川刘氏、田恩洪六分。

29

荆州市玄妙观

清康熙三十三年（1694）铁钟

现存于荆州市玄妙观钟亭。铸于清康熙三十三年（1694）。铁质，通高147厘米，纽高27厘米，体高120厘米。钟纽为双龙蒲牢造型、四肢粗壮，龙头、四足与钟顶熔铸相连，钟顶平直，钟肩环一周细阳线莲花瓣，钟体上小下大，上腹部四个方区，内铸铭文，方区之间有四句祝颂语，方区上下均由一周水波纹饰带。钟体下腹部饰八卦符号和四个圆形撞座。钟口外敞，呈波弧形。

图一

图二

图三

铭文如下：

皇图巩固，帝道遐昌，道日光辉，法轮常转。

大清国湖广荆州府江陵县在城内外居住众善，□汝光徐氏裴氏、添奇生、仁贵全氏、戴居德黄氏、杨仕彦肖氏、喻国秀□氏、胡国玉詹氏、杨祥臣□氏、谢文斗张氏、谢文植刘氏、杨尚德邬氏、杨尚佝余氏、杨世晶高氏、王嘉祥杜氏、殷士元张氏、姚斟寏氏、王□张氏、曹留李氏、张若箕席氏、刘祖魁彭氏、刘金榜李氏、彭□奇黄氏、胡镕陈氏、姚苦锟邹氏、张家凤王氏、蒋加俸秦氏、王宗纪□氏、陈周霖、杨□□、李文光江氏、朱骏阮氏、钟占先刘氏、王士俊伍氏、史可志谭氏、曹明伦□氏、戴楚□左氏、王王李氏、戴维藩张氏、张大神谭氏、车华之左氏、杜汝还、谢一龙，信儒戴子文宋氏、母叶氏、法□□□。

信女赵门毛惠果、辛门宋光贞、喻门蒋慈善、潘门郑□贞。

湖广荆州府道纪司都纪□赵鸿、本观道士姚代俸、周正玄、周金□、陈金瑞、华至佟、喻□梓、持疏劝绿道士姚流衍、□众□捐资铸造洪钟一口，重至五百斤，恭诸荆郡晋敕玄妙观，三清大殿永远供奉。

康熙三十三年甲戌岁立五月吉日造。

全火匠戴子儒，男，帝□。

图四

　　铭曰：荆城之中，玄妙□□，众善毕集，大镛克成，克成曰钟，金阙遥闻，上康三国，下济民生，咸求如意，永保安宁，亿万斯年，扣之即应。

　　三清应化天尊，

　　太乙救苦天尊，

　　雷声普化天尊。

图五

图六

30

十堰市武当博物馆
清乾隆四年（1739）铁钟

现存于武当博物馆库房，此钟信息由武当博物馆提供。铸于清乾隆四年（1739）。铁质，多处锈蚀，底口多处残缺。形制较小，通高55厘米，底口直径43厘米，重35.5千克。钟纽为简化蒲牢造型，龙头形似人面。钟肩均匀分布四个孔洞，钟肩与钟身均有明显范线。钟体分为四个方区，方区内铸铭文和莲花图案。钟裙为连弧形宽带状台地，八耳波弧口，每个钟耳饰一个八卦符号。

图一

图二

铭文句读如下：

> 阿弥陀佛，武当山朝天宫。
>
> 风调雨顺，国泰民安，皇帝万岁，太子千秋。
>
> 大清国湖广汉阳府孝感县杨家河金水匠人唐仕贵、唐昌衣捐资□造愿许神钟一口，永远供奉。
>
> 乾隆四年二月吉旦。

朝天宫始建于元代，后屡毁屡建。明永乐十年（1412）敕建玄帝殿、配殿等 17 间。竣工后赐额"朝天宫"。嘉靖年间扩建，清代、民国年间亦有修补。位于海拔 1400 米的山顶。有山门、大殿及配殿。此有三条登顶古道，宫后为"鸟道"，路险难行；左有"神道"（称明道），为朝山进香者登道，右有"樵道"（称清道），为采樵者行道。清代徐京陛有《朝天宫》诗曰："峻极封山岳，凌空响佩珧。云开金阙回，磴转玉台遥。紫翠群峰抱，香灯万国朝。星辰疑可摘，羽翼上烟霄。"

31

十堰市武当博物馆藏天一真庆宫
清乾隆三十二年（1767）铁钟

现存于十堰市武当博物馆。铸于清乾隆三十二年（1767）十月。铁质，锈蚀严重。通高51厘米，底口直径43厘米，重30.5千克。钟纽为双龙蒲牢造型、钟顶面积较小，钟肩为弧度较大，素面无纹饰，钟体四个方区，内有铭文，方区上下均饰有三道凸弦纹。钟裙有一道凸弦纹和八个八卦符号。八耳波弧口，钟耳底边平直。

铭文句读如下：

风调雨顺，国泰民安。

大圣南岩天一真庆宫，乾隆三十二年十月吉日造。

主持王本慧，师刘正扬，徒游仁秀、孙仁安、孙陈义昭。

天一真庆宫在武当山南岩前侧紫霄岩的悬崖绝壁上，又名南岩石殿，始建于元至元二十三年（1286），是武当山保存较完整的宫观建筑之一。

图一

32

清乾隆三十三年（1768）铜钟
十堰市武当山太子坡复兴观玄帝殿

现悬于武当山太子坡复兴观玄帝殿大殿内。铸于清乾隆三十三年（1768）。铜质，钟肩处有部分磨损，此前曾悬挂在殿外供游客敲击，多处有划痕。通高150厘米，底口直径128厘米。此钟铸造略为粗糙，铸痕明显，钟裙部分纹饰繁多。钟纽为双龙蒲牢造型，钟肩圆润，八个较大的莲花瓣绕肩一周，另有四个孔洞均匀分布其间。钟体上部八个小方区，每个方区内有开光，每个开光的中心都有一个八卦符号。钟体中部为四个方区，方区之间的铭文分别是"帝道遐昌""圣寿无疆""皇图永固""太子千秋"。钟裙部位和钟耳均饰有较多的花草纹，且花草纹有球形果实。四个圆形撞座亦为花瓣形，八耳波弧口。

图一

铭文句读如下：

皇图永固，帝道遐昌，圣寿无疆，太子千秋。

武当山太子坡复真观住持焚修法派弟子：王太寿、高太鹏、王太敦、朱太祯、王太纲、冯清江、尹清慧、王清恕、杨清□、余清洪、李□永、王清澄、杨清池、任清□、周清海、程清河、王清从、汪清孝、朱清连、焦清舜、胡清淮、郑一禄、□一国、李一民、蒋一棚、张一安、孙一宝、余一玥、梁一瑂、魏一珠、梅一珍、胡一林、杨一峰、石一得、邵一邦、张一环、陈一□、邓阳映、高阳昀、王阳震、熊阳明、程阳昇、张来明、王来成、张来住、郭来伦。

金火匠：应宣、刘九合、应君转、蒙本义。

乾隆三十三年五月望五日，当家冯清江、募化弟子余清洪仝鼎造。

造钟姓名目列于左：

王太寿钱五千、王清澄钱三千、高太鹏钱五千、周清海钱二千、魏三忠钱五千、程清河钱三千、任清浙钱四千、李尚全钱一千、胡定□钱一千、李付洲□一千、谈永□钱三千三百、李□才钱一千、朱太珍钱三千、杨士学钱一千、王太敦钱二千、王清恕钱五百、冯清江钱二千、尹清慧钱一千、李清永钱一千、熊阳明钱一千、熊恒宗钱一千、张龙钱一千、刘贵钱二千、熊文宗钱六百、王杰钱一千、谈清福钱二千、王阳正钱三千、杨一立钱二千、郑一禄钱一千、李国明钱五百、□□钱五百、王君礼钱四百、胡大川钱八百、钱成高钱五百、陆一□钱一千、王文秀钱五百、□天祯钱一千、张国彬钱五百、王珍钱五百、吴进忠钱五百、王启得钱五百、徐一元钱三百、李国候钱五百、程永□钱三百、杨一成钱五百、程合钱三百、申正荣钱三百、张□连钱三百、周维汉钱三百、高阳昀钱五百、武正山钱五百、□□太钱五百、□成宽钱四百、关太忠钱五百、余清洪钱一千五百、汪清孝钱五百、焦清舜钱五百、杨清池钱五百、王清□钱五百、朱清连钱五百、李一民钱三百、张一安钱五百、梁一瑂钱五百、魏一珠钱一千、

图二

杨一峰钱五百、王君顺钱二百、胡有德钱五百、□领众善人等各捐己帛，虔造神钟一口敬献，太子坡大殿永远供奉。乾隆三十三年五月望五日。

当家冯清江、慕化弟子余清淇、全鼎造。

明永乐十年，明成祖朱棣敕建复真观玄帝殿宇、山门、廊房等29间。明嘉靖三十二年（1553）扩建殿宇至200余间。清康熙年间（1662~1722），曾先后三次修葺。乾隆二十年至二十六年（1755~1761）又重修大殿、山门等殿宇。

图三

33

京山市博物馆

清乾隆四十一年（1776）铁钟

现存于京山市博物馆。铸于清乾隆四十一年（1776）。铁质，经过除锈和防护处理，表面清晰光洁，保存完好。钟通高93厘米，纽高16，体高77厘米。钟体造型较为独特，明显区别于湖北地区其他古钟。钟纽为人面柱形，纽柱直径16厘米。钟顶面略微圆凸，环纽柱一周有枝条纹，有三个圆形铸孔，铸孔之间各饰一组卷羽状细阳线纹饰。钟肩无莲花瓣，钟体满铸铭文，铭文上部有卷羽状细阳线纹饰，钟裙有花草纹。钟的底口平直，口沿表面饰连续羽状细阳线纹。

图一

图二

铭文句读如下:

大清国湖广湖北省安陆府京山县太阳团富水村,蒙十方朋,铸洪钟一口,入于贺家畈城隍庙,永远供奉。

大清乾隆四十一年孟春月吉旦造。

住持僧雪亮、领修尧益、化主黄朱光、张阳珍、刘阳福。

天邑金火匠刘沛久捐钱一串。

首士杜□□、杜永照、曾若贵、曾若相各一百文。

云峰人书。

首人信官黄道中王永生、王永员、祁开□三百、首人董□琇二两

周恔品、周恔安、朱玉恒二百。

首人贺季常、贺丕绩三百。

贺于加二百,贺彩文二百,贺松九二文,贺大宏二文。

贺文烈、贺佩声、贺光国、贺光宜、方时亨、查为范二文。

龙禹跃、王□清、田元胘、万得后。

首士鞠秉宁、全延□、高光兆、王名扬、李兹方、吴士元、张耀祖、董茫先、董茫云、吴文士、周怀平、周怀耒、王文华。

首士贺振烈、贺迥烈、李德超、顾琪珊、王国鼎、田济美、张惟忠、周光表、芦秉礼、余奎元、扬云兆、万双茂、李华彩。

首士刘天朋、熊廷玉、沈朝相、何名扬。

首人杜□公、王天德、杜义公、朱延彩、陈国栋、□贵任、□之贵、刘居□、曾光得以上无数者各人捐钱一百文。

首士三百。邹东海、邹卜童、邹永相、王甸相、王甸元、蒋廷恺、蒋廷彩、黄正元、张登道、彭廷爵、彭陈万、高风科。

首人二百。李启建、王如资、刘国伦、高之佐、贺帝茂、吴珍玉、吴未元、何三进、沈之贵、古光先、陈明兆、黄清正、朝心典二百。

首人李运太、李朝贵、李明赞、李彩国、明高、龚翰文、周大川、李宗扬、高云延、曹维周、陈国栋二百。

首人符五玉、杨云豆、周化龙各人钱一百文。

图三

图四

秦傲一二钱。

胡勇廷、爱福三百。

首人彭候周、彭祝思、彭克久、彭大立、彭为巳、彭服章、彭治泽、□为朝、张□华、张哲□、张胜照、张以得，首人余立德、余克顺、余克修、余显光、余兆荣、刘华林、刘其梅、朱国宅。首人彭国太、彭大魁、彭大章、彭大历、韩□云、江文彩、陈盛在各二百。

张绍祖、陈绍周，首人邹兴周、龚廷华、龚翰爵、龚翰鼎、李须进、李须明、刘大明、刘廷高、龙开元、□光仕、□□盛，首人史□□、晏圣□、庞全成、周克□、彭弘彩、张琴思、廖文太、邹辉彩、雷弘冉、李惟翰，首人高调梅、高禹城、杜志成、杜永年、杜同升各一百。

首人喻起先、杜永安、张必贵、柴怀名、何乡爵、何乡得、吴紫常、杜仪可，首人张胞舆、陈兆丝、杜在公、芦言□、芦文□、徐广能、徐□惠、□瓒、□天彩、程文□、黄应□、朱尚□、罗登□、张怀□，首人高□□、高□祥、□崇太、□崇禄、□永高各人□百。

首人辛光甲、林永先、□□氏、林士元、辛成文、辛以安、黄万□、张显士、□见中、鲁登国各人二百。

首人王振声二百五十、王传英二百五十、王尚文、王万资、王立朝、王维□、王李氏、王□一、王□□、王□□、王□□、王□□、王尚□、王冠□、王青峰、王以得，首人周□玉、周康宁、艾大□、高文选、刘军成□百。

首士李文斗、李文光、李文华、李文柄、李文隆、李长士、李美士、李文谟、李廷魁、李占魁、李奎士、李进士、付克振、丁思雄、贾禹秀，首人陈公进、丁国柱、符宗连、符宗珏、符宗相、丁国顺、张国明、黄柯元，首人吴宏德、张斯显、吴有仁、吴馨堂、祁怀高各一百。

首人辛德仪、宋□、黄道中、宋邦林、周理、周邵周、周德升、周福高，首人夏万朋、杨能玉、秦廷杨、易明辉，首人徐正纪、陆希孔、周天开、许永言，首人詹德正、詹廷□、詹大动、周为书、周光彩、谢官华，首人王武陵、张赐赜、倪明世、鲁李氏、王□荣、王武挂、潘成州各一百。

首士庞明高、庞位高、李一庞、田述后、李文典刘思贵、尤廷资、舒帝城、陈正美，首人二百。徐泽周、邹国定、陈楚能、祝坤山，首人王有经、蒋大文、王有常、晏易贵、鞠□邦、王世龙、鞠官吕，首人廖士哲、罗作□、罗方明、张正纲、祁天明、秦显廷、周友能、方徐光各人□百。

首人金有德、危正升、杜华公、夏朝亦、杜廷奉、俞前长、刘成恺、祁怀礼、邱成登，首人王文方、明有伦、明见侯、黄天扬，首人李安国、全相成、刘翠华、吕万秀，首人聂朝珍、冯明思、张兆方、舒天德、舒天琪、聂如□、鲁登□、杨月高、杜先□、周克逸、芦昆宣各一百。

首士二□。彭玺安、李安仁、徐克仪、赵秉□、周升荣、沈成先。

首人周光玉、张守云、李春万、熊凤□、陈顺兹、熊凤周，首人柯店伦、李恒公、陈克明、陈大魁、刘汉廷、盛中和、刘落安、熊成明、张国□、周圣文、陈龙章、张惟臣，首人刘其□、刘兆盛、刘冠英各一百。

首人韩文彩、许辅安、宋永祯、敖其明、王定安、韩继□、敖光先、赵天开、万如辉，首人朱天爵、毕国选、李子臣、殷有身、孙孝元、许溃川、舒国元、吴士林，首人熊方仪、熊朝选、熊紫荣、祝紫贵、孙乾元、马国瑞、马世林、熊方相，首人刘清盛、刘干明、何明祥，首人熊文选、熊汉选、孙盛元、丁德明、熊怀高、蒋永锡，首人蒋文明、张玉忠、马永安、沈仪山、马永都、曹永朝、何国祥，首

图五

人蒋尚志、蒋尚文、蒋尚贵、周择中、蒋孔□、周甫□、陈国厚，首人黄升吉、黄元吉、胡正□、毕国臣、龚友章、杨玉侯、周凤生、周五登、陈广豆各一百。

首人刘昌国、刘维一、刘千美、刘□□、吴定用、夏明山、刘永□、方翠华，首人陈一□、史国占、宋天相、陈美云、陈林、刘万长、刘万育、郑元厚、韩崇□、陈英□、田荣发、韩崇振、韩崇新、董盛荣、王贵生、王太山、张能士、李德慧、徐贵□、陈广庶、张登贵各一百。

首人五百。曹绍先、艾以□、雷先明、占之宾、雷先成、胡国士、占廷锡、邵楚材、陈雨泛、杨在山、杨孔兆、吴天明、宋汉章、宋明章、张□昌、艾顺安、张敬臣、李相仪、鞠成凤、李文得、叶廷尊、叶廷升、胡广能、刘成章、李经伟、王四奇、黄万俊各一百。

首士张文选、张廷魁、陈三阳、占文成、周品杰、郑辉丹、占明万、占全万、占亦万、占品宏、周作相、熊怀智、蔡恒太、袁□远，首人王上失文、鲁泽久、熊方义、熊方贵、朱天爵、熊金佐、王灼文、王掌文、夏盛宜，首人刘元进、龚汉乡、龚凌云、龚鸣岐、周子成、李卓□、廖文魅、夏明一、董盛华、董盛思、董盛兆、董盛□、朱孔元、王仕义、曾得远，首人邓爱馥、邝爱扬、邝爱万、邝爱禄、朱德明、贺明彩、贺伦、叶廷爵、王四美、甘万禄、甘万明、甘万钟、李子□、李子辉、李怀高、彭廷相、周万成、秦天申、蒋旭午、周弘久、周时万、陈国兆、吴长雄、刘忠远、韩松岩、韩廷高、吴朝宗各一百。

首人张云成、曹永盛、周仕升、周九吉、代士有、周恒宗、胡玉升，首人李□雄、宋朝吕、殷大遇、谈中杰、张朝元、顾琪珊，首人胡士□、赵崇太、沈绍哲、陈亚纲、宋仕景、陈炳文、陈覔思，首人周超宗、周盂林、李兴朝、陈万有、吴希明、周占魅、周天顺、黄方远、曾金元、周列士、吴思臣、曹永中、周盂春、周鳌升、祝子富。

只在此山中，云深不知处。

乾隆通宝。

34

十堰市武当博物馆
清嘉庆二十一年（1816）铁钟

现存于十堰市武当博物馆库房。铸于清嘉庆二十一年（1816）。铁质，锈蚀严重。钟体较小，通高27厘米，底口直径18厘米。钟纽独特，为上粗下细的棒槌形。钟肩部有残缺，肩部有四个圆孔。钟体没有方区，有铭文。钟裙外侈，有一周水波纹。钟口平直，有一周联珠纹。

铭文句读如下：

加（嘉）庆二十一年，住持王明遇，天子万年，武当山。

图一

35

武当南岩宫

清道光八年（1828）铁钟

现存于武当山南岩宫库房内。铸于清道光八年（1828）。铁质，有锈蚀。钟体较小，通高 53 厘米，底口直径 47 厘米。钟纽为简约的桥形，钟肩素面无纹，有四个圆孔。四个圆孔各对应一条范线，将钟体四分，钟体垂直，有铭文。钟裙为一周水波纹，八耳波弧口，钟耳上下各有一周联珠纹。

图一

图二

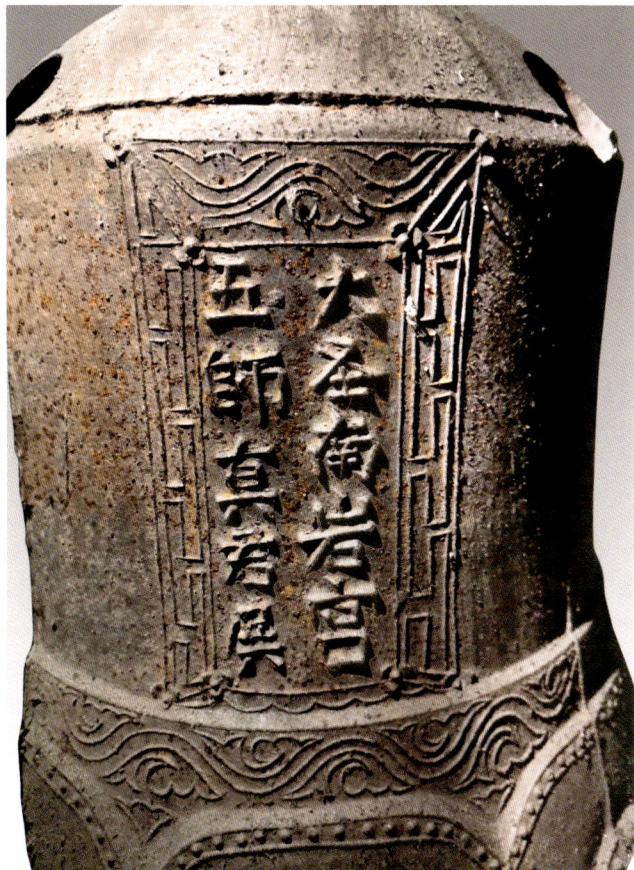

图三

铭文句读如下：

大圣南岩宫，五师真君殿。

陕西兴安府洵阳县麻坪河南泉区，信士邓清云扶立神钟一口。化主陈理中，当家陈理长，道官邓复恒。老河口长顺店公顺交造，道光八年三月□十日造。

现存于十堰市武当博物馆。铁质。钟体较小，通高 53 厘米，纽高 11 厘米。钟纽为柱形，钟顶微凸，素面无纹，有四个圆形铸孔。钟体上腹轮廓方正，环饰铭文，并有一钟牌，牌上三字铭文，四周以三角形阳线装饰。钟体下腹环饰一周水波纹，钟裙微微凸起的台地，边缘有联珠纹，钟口为波弧状，口沿一周饰有联珠纹，钟耳宽扁，上有细阳线圆形撞座，上有八卦符号，四周环饰联珠纹。

36

清道光八年（1828）铁钟
十堰市武当博物馆藏武当复兴观

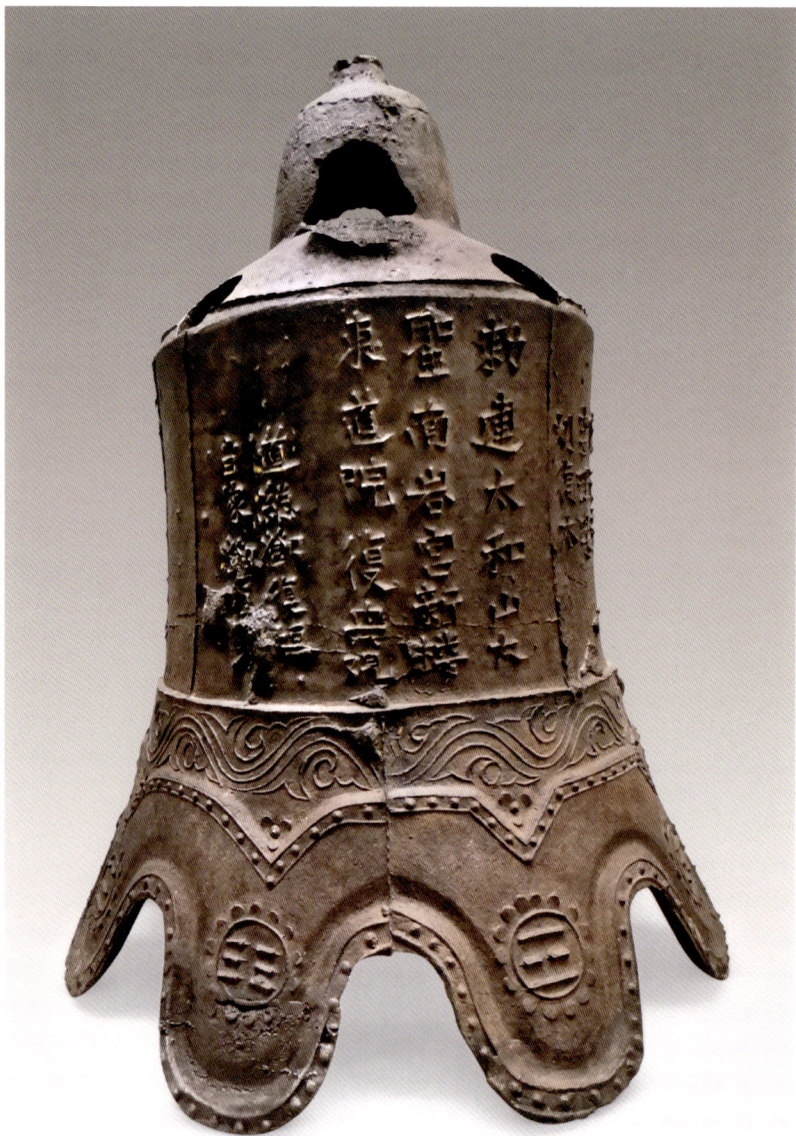

图一

图二

图三

铭文句读如下：

　　复兴观。

　　敕建太和山大圣南岩宫新楼。东道院复兴观道总邓复恒、当家邓复均。

　　道光八年十月吉日造。老河口傅公顺、胡长顺造。

　　陈理常、王万有、胡理康、孙理善、陈理中、陈元童、李理乐、刘复太。

37

清咸丰人面纽铁钟

十堰市武当博物馆

现存于十堰市武当博物馆。铁质，钟体通高65厘米，直径49厘米，67千克。钟纽的蒲牢造型没有四肢，仅有人面化的脸部。钟顶有凸线纹勾勒的花叶纹。钟肩部近直角转折，仅一道弦纹和四个圆形孔洞，没有莲花瓣装饰。钟体腹部垂直，有花草纹和铭文。钟裙部位有阴阳八卦图，口沿波弧幅度不大，均有不同程度的残缺。

铭文句读如下：

> 提点司辛阳昕，当家薛复璘，管库沈来仪，军炮傅公顺、胡洪兴，大清咸丰五年吉日立。太子坡。

图一

38

武昌宝通禅寺
清咸丰九年（1859）铁钟

现存武昌宝通禅寺后山的钟亭。铁质，钟体通高196厘米，纽高46厘米，体高146厘米，底口直径137厘米。钟纽为双龙蒲牢造型，龙背正中有一个元宝形的浇铸口。钟肩部的花瓣纹较为奇特，只有莲花瓣的半边。钟体分为四个方区，方区上下多道凸弦纹，方区内铸铭文。钟裙四周饰四组连续折线纹，四个圆形撞座分布四周，钟口平直，饰雷纹。

图一

铭文句读如下：

皇图巩固，帝道遐昌，风调雨顺，国泰民安。

般若波罗蜜多心经：

观自在菩萨，行深般若波罗蜜多时，照见五蕴皆空，度一切苦厄。舍利子，色不异空，空不异色，色即是空，空即是色，受想行识，亦复如是。舍利子，是诸法空相，不生不灭，不垢不净，不增不减。是故空中无色，无受想行识，无眼耳鼻舌身意，无色声香味触法，无眼界，乃至无意识界，无无明，亦无无明尽，乃至无老死，亦无老死尽。无苦集灭道，无智亦无得。以无所得故。菩提萨埵，依般若波罗蜜多故，心无挂碍。无挂碍故，无有恐怖，远离颠倒梦想，究竟涅盘。三世诸佛，依般若波罗蜜多故，得阿耨多罗三藐三菩提。故知般若波罗蜜多，是大神咒，是大明咒，是无上咒，是无等等咒，能除一切苦，真实不虚。故说般若波罗蜜多咒，即说咒曰：揭谛揭谛，波罗揭谛，波罗僧揭谛，婆婆诃。

大清咸丰玖年端月毂旦。

敕赐洪山宝通寺。

周兆和智、恒生锅号捐钱式串文，正关宝号捐钱壹串文，和泰祥号捐钱壹串文，兴泰公号捐钱壹串文，周开第捐钱壹串文，汪慎甫捐钱壹串文，周敦圌捐钱壹串文，洪士焕捐钱壹串文，黄鸿钧捐钱壹串文，张和泰捐钱壹串文，鸿义号捐钱壹串文，兴泰祥捐钱壹串文，

图二

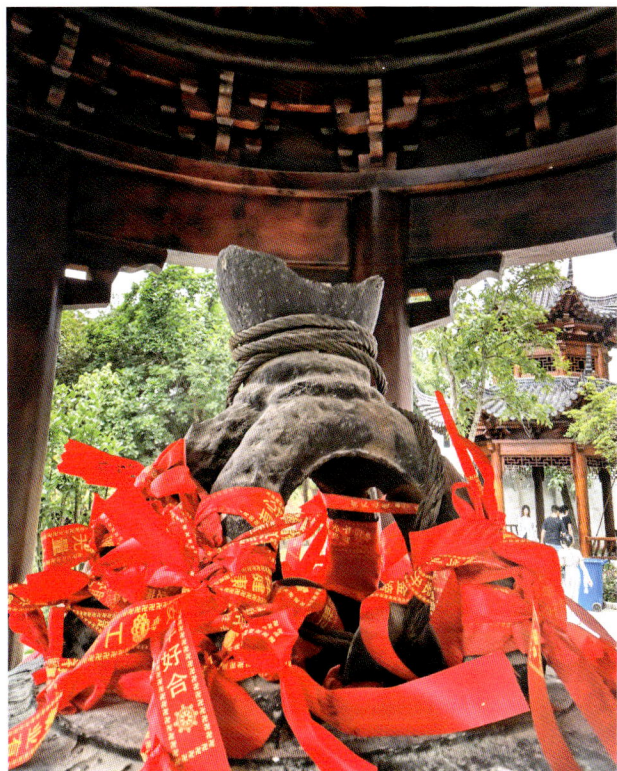

图三

友于号捐钱壹串文，洪炳南捐钱壹串文，大生锅号捐钱壹串文。

众姓仝立，住持僧识现慕，金火周天顺和记造。

净土神咒：

曩谟阿弥多婆夜，哆他伽哆地夜他，阿弥唎都婆毗，阿弥唎哆，悉耽婆毗，阿弥唎哆，毗迦兰帝，阿弥唎哆，毗迦兰哆，伽弥伽伽那，枳多迦，娑婆诃。

图四

图五

39

荆州铁女寺韦驮殿
清同治四年（1865）铁钟

现存荆州铁女寺。铸于清同治四年（1865）。铁质。通高117厘米，纽高19厘米，体高98厘米，底口直径94厘米。钟纽为双龙头蒲牢造型，四肢粗壮有力，龙首紧贴钟顶，钟肩一周莲花。钟体分为八个方区，方区内和方区之间均有铭文。钟裙有四个圆形撞座，撞座之间有四个开光吉祥图案。八耳波弧口。钟耳外撇，钟耳上有八卦符号和一周连弧线。

图一

铭文句读如下：

佛日增辉，皇图永固，帝道遐昌，法轮常转。

大清湖北荆州府江陵县□姓弟子敬铸洪钟一口，敬入铁女寺，永远供俸。今将名目开列于后。同治四年桂月立。

蒋张氏、□李氏、董□□、蔡尊三、张寿元、邓大姑各四百。

黄裕汉、□朝奎、郑万氏、郑楚先、黄可富、官关氏、笋玉福各三百。

胡曾氏、张李氏、董郑氏、董美贤、李□华、□成彬、李□□、□安□、毛李□、王□□、鲜□氏、黄□氏、董陈氏各□百。

李曾氏、夏杨氏、李清香、时瑞付、黄谢氏、时瑞林、李玉珍、施春泉、李三姑、李邓氏、张任氏、曹田氏各三百。

□□氏十千、□□氏五千、□大□五千，无名氏、无名氏、□光叁千，董□真□木真、□□氏、李□氏、金胡氏、常道□、汝□郡、向吴氏董郑氏□□□、□加洁各一千。

金陈氏、□袁氏、曾樊氏、周林氏、张黄氏、张杨氏、宋魏氏、□顾氏、陈熊氏、祝□氏、张胡氏、吴陈氏、宋尚忠、各二百。

何李智二千、朱薛氏一千、张广彩一千、徐氏一千、□李氏、□

图二

图三

氏一千。

　　王□氏二千、肖安远二千、黎光廷二千、□永成一千。

　　□远安□五千，蔡心□二千，孙□□、□□□、□□氏、万□氏、□□氏、□□氏、何□□□、清□一、□□氏各一千。

　　杨□辉、陈贞、舒大笙、黄□□、□□□、金□□、□□氏、李□氏、□□氏、□□氏、□□氏、□□氏各六百。

　　陈应□一千、李高氏、谢钟氏一千。

　　住持僧鸿发，徒常性，全火匠甘福兴造。

图四

图五

图六

图七

40 清代无年款铁钟 十堰市武当博物馆

现存武当博物馆。铸造年代不详。铁质，锈蚀严重。通高 49.5 厘米，底口直径 40.5 厘米，重 24.7 千克。钟纽为双龙蒲牢造型，四肢不明显，龙头有人面化倾向。钟顶四周有四个圆形孔洞，钟肩四组凸线纹方框，方框内有铭文"风调雨顺、国泰民安"。钟体分为四个方区，方区内有花草纹，方区上方装饰一周方孔钱，方区下方一周花草纹。钟裙有两组连续的波弧形凸线纹，八耳波弧口，一个钟耳残缺严重。铭文隐约可见，句读如下：

风调雨顺、国泰民安。

湖广郧阳府，郧□□川□，德□□□，左德金土居住□，□造钟会□，□□昌，□王迁□□。

图一

现悬于黄陂区王家河街道白龙山观音殿遗址前的树上。铁质。通高 42.4 厘米，纽高 4.6 厘米，钟体高 37.5 厘米，钟顶直径 13 厘米，底口直径 36.4 厘米。钟体基本光素，但铸有铭文，句读如下：

风调雨顺，国泰民安。

41

黄陂王家河街道
白龙山观音殿铁钟

图一

图二

图三

现存十堰市武当山太子坡玄帝殿。铁质，钟体较小，纽高 15 厘米，底口直径约 39 厘米。钟纽为双龙蒲牢造型，龙背正中有宝珠，龙头俯首咬合钟顶。钟顶呈穹弧形。钟肩一周六个较大的莲花瓣，中有四个圆孔。钟体分八个方区，无铭文和其他装饰。钟裙呈微微凸起的台地，四耳波弧口。无铭文。

42

武当太子坡
玄帝殿小铁钟

图一

图二

图三

43 钟祥博物馆新近出土铁钟

现存钟祥博物馆。年代不详。通高 115 厘米、纽高 24 厘米、底口直径 89 厘米、弧间距 17 厘米。通体黄泥没有清理，锈蚀严重。钟纽为简化双龙蒲牢造型，龙首人面化，钟顶四个圆形孔洞，钟身上下各有一道凸弦纹，八耳波弧口。

图一

图二

湖北寺观古钟的文献整理

由于历史因素，湖北寺观古钟并没有全部保存下来，许多古钟已经不见踪迹。我们只有通过历史文献中的相关信息，才可能更全面地掌握湖北寺观古钟的真实面貌。

1. 复州玉沙县祈福观宣和七年（1125）钟铭

> 大宋国荆湖北路复州玉沙县白沙居住奉道弟子柴瑗谨施财命工铸造鸿钟一口，舍入本县祈福观，永充供养，所资善利用，祝延今上皇帝圣寿无疆，次保家门平善，人口乂宁者，宣和乙巳岁三月十六日志。❶

祈福观钟铸于北宋宣和七年（1125），杨守敬《湖北金石志》记载："祈福观钟，存，正书，阳文，宣和七年，在沔阳州。"该钟是否还存世，有待进一步考察。

2. 南宋普安寺钟景定元年（1260）钟铭

> 大宋国江陵府江陵县二十六都石桐院西是居玉行祠蒋真人香火端公周显同、杜掌、梁智旺、王世隆、郑思旺等缘化十方善男信女资金铸造大钟一口，永充复州南华家池普安寺常住持养。
>
> 景定元年十二月。❷

该钟见于《湖北金石志》："普安寺钟，存、正书、阳文、在沔阳州。"铸于宋理宗赵昀景定元年（1260）十二月。杨守敬进一步考察了钟的位置："在沔阳州南四十里永固寺，《入蜀记》：'华家池势爽垲，居民颇众，有广福永固寺，东偏白云轩。'盖属复州玉沙县沧浪乡云。"玉沙县是历史地名，北宋乾德三年（965）设置，属于江陵府，治所在今洪湖市西北沙口镇。至道三年（997）改属复州。后几经改易，明洪武九年归为沔阳州。该钟目前是否还存于洪湖市沙口镇，有待进一步考察。

3. 东山报恩万寿寺钟

> 荆门州东山报恩万寿禅寺住持长老绍阡谨抽衣资，命匠铸造鸿钟一口，重六千余斤，永镇山门，利益幽显，所冀皇图巩固、帝道遐昌、佛日增辉、法轮大转。时太岁戊申至大元年八月中秋日题。❸

相关记载亦见于《湖北金石诗注》："马案右钟题'荆门州东山报恩万寿禅寺住持长老绍阡谨抽衣资，命匠铸造鸿钟一口，重六千余斤，永镇山门。利益幽显，所冀皇图巩固、帝道遐昌、佛日增辉、法轮大转，时太岁戊申至大元年八月中秋日题'七十五字，又题'玉泉山景德禅寺住持长老师瑄助缘宝钞贰百伍拾两'二十二字，其余载头首知寺、监造等僧名及铸匠里居姓名等字，钟纽有断痕，发皆可过，悬之不坠，因群称为过发钟。寺遭兵燹，移置于城内□妙观，扣之无音，弃诸墙角，乾隆甲

---

❶ （清）杨守敬撰，熊会卢批校：《湖北金石志》卷十四，民国十年朱印本。
❷ （清）杨守敬撰，熊会卢批校：《湖北金石志》卷十四，民国十年朱印本。
❸ （清）杨守敬撰，熊会卢批校：《湖北金石志》卷十四，民国十年朱印本。

戍知州舒成龙重修官署，头门建造新楼，见钟不得诸生，以此钟告命工拭洗，以火虾之，则声韵洪远，遂升置上。见州志。按东山寺即隋开皇十二年智者禅师所建天宁寺，遗址久废。玉泉山在当阳县西三十里，景德寺即宋天禧五年，遣翰林学士宋绶、宋祁与僧道源等同修传灯录处，亦废。"❶

4. 天门乾明寺钟铭

　　　大元国荆湖北道沔阳府景陵县东禅乾明寺，伏睹本寺乃古迹，机锋住峰，划草重兴，古来祝圣，道埊宁可，兴崇而悠久，累次住持兴建，续焰规模，秋山两次，继席大殿，鼎新重建，经今二载，顺寂圆终觉庵推举，再兴隆致疏，从心而敦请，无闻创意，特地承崇，熊游讲肆，缘会家山，绍隆佛种，修崇梵宇，两廊重新，鼎建终始，竭力圆成，宝所莲开，钟鼓常规，晨暮撞叩，增延福慧，四年九有出轮回，八难三涂登彼岸，由是谨袖常住资金同蓦，檀那力助，铸成，三千法器永镇景，邑精蓝钟声击处，大禅宗风玉转珠，回震韵响共成殊，盛事恩报福无穷，复为铭曰：

　　　佛日增光，圆音元影，法界群盲，幽暝沈寰，水族灵源，达无生忍，伏此钟声，一闻顿省。

　　　岁次癸亥至治三年季冬吉日。

　　　无闻题。❷

　　相关记载亦见于《湖北金石诗注》："存，正书，阳文，在天门。""马案右元乾明寺钟，凡四面，一面题大元国荆湖北道沔阳府景陵县东禅乾明寺，为一行。又云伏睹本寺乃古迹，机锋住峰划草重兴，古来祝圣道埊宁可兴，崇而悠久。累次住持兴建，续焰规模。山两次继席，大殿鼎新重建，经今二载，顺寂圆终觉推举再，兴隆致疏，从心而敦请，无闻创意特地承崇，熊游讲肆，缘会家山、绍隆、佛种，修崇梵宇，两廊重新，鼎建始终，竭力圆成，宝所莲开，钟鼓常规，晨昏撞叩，增延福慧，四生九有出轮回，八难三涂登彼岸。常住田土坐落四至，又诸出长老僧名，末后列景陵县达鲁花赤、县尹主簿、典史等官名姓氏。在今天门县城东乾明寺内。"❸

5. 纪光普照寺钟铭

　　　维汉之东，峨峨梵宫，开元之宗，佛法流通，彼美鸿钟，硕音孔容，坚木斯

❶　（清）杨守敬撰，熊会卢批校：《湖北金石志》卷十四，民国十年朱印本。
❷　（清）杨守敬撰，熊会卢批校：《湖北金石志》卷十四，民国十年朱印本。
❸　（清）杨守敬撰，熊会卢批校：《湖北金石志》卷十四，民国十年朱印本。

攻，德音无穷，鲸韵载椎，声彻九重，普照溶溶，义山崇崇，用祈岁丰，以振禅风，鸣赞时雍，圣寿天同，鲁正卿作，随州之南，古有伽蓝，东墙绿水，西空寒山，刹竺净境，螺呗绎坛，晨夕二节，无推僧□，舒吾双手，法侣□□，霜时泰应，绎祝佛光永煜，圣寿常安，乃留后轨，智者窥看。本山住持释洪梁号义山自造。泰定四年十一月日。❶（《湖北金石诗注》）

相关记载见于《湖北金石诗注》："存，正书，在随州。""马案右元报恩天宁禅寺钟，高四尺八寸，围一丈四尺，双龙纽，界四面，一面题泰定四年十一月日，系铭二各十六句，每六十四字，前铭鲁正卿作，后铭不书名，一面书真言七则，一面列施财檀越名目，一面列各职事僧名及本寺徒弟法名而已。在随州城南里许报恩寺内。"纪光普照寺钟铭在随州城南报恩寺，泰定四年（1327）十一月铸成，钟文分四面。一面书"灭业障灭罪破地狱往生消灾辰福德除万病"七种真言；一面书"舍财檀越名目，随州有十桥村白泥、八里店东廊村，应山县有浪河村、小屯、平港、两仙山、马平村、西山、白虎港"等地名，可证古今土地名同异；一面书"本寺徒众，有知事、提点、直岁、上库下库仓头、知宾、殿主冲头"等名；余下一面则是鲁正卿与住持僧洪梁所作钟铭。金石存，佚考。

6. 宝林寺天历元年（1328）钟铭文

应山县仁义乡天井涧龙兴寺，伏承信士邹贵明谨发诚心，钞化宝林寺住持洪缘，宣受仁慈广福大帅善庵古佛正明。天历元年十月日，匠人喻子德。❷

相关记载见于《湖北金石诗注》："存，正书，阳文，在随州。""马安有钟，高三尺四寸，围六尺六寸，一面题应山县仁义乡天井涧龙兴寺伏承信士邹贵明谨发成心抄化云云，一面题宝林寺住持洪缘宣受仁慈广福大师善庵古佛正明，末行题天历元年十月日匠人喻子德而已。其二面无字，在应山县城北二十里宝林寺内。"❸

7. 鄂州兴唐寺钟

兴唐寺在双峰山阴寺有钟，唐天祐二年铸。❹

鄂州兴唐寺，鄂州城北凤凰山之阴，有佛刹曰兴唐寺，其小阁有钟，题志云：大唐天祐二年三月十五日新铸，勒官阶姓名者两人，一曰金紫光禄大捡校尚书左仆射兼御史大□陈知新；一曰银青光禄大捡校尚书右仆射兼御史大□杨琮。

---

❶（清）杨守敬撰，熊会卢批校：《湖北金石志》卷十四，民国十年朱印本。
❷（清）杨守敬撰，熊会卢批校：《湖北金石志》卷十四，民国十年朱印本。
❸（清）杨守敬撰，熊会卢批校：《湖北金石志》卷十四，民国十年朱印本。
❹（清）夏力恕、迈柱：《湖广通志》卷七十八，载《钦定四库全书》"史部·地理类"。

大字之下皆当有夫字，而悉削去，观者莫能晓。五代新旧史九国志并无其说，唯刘道原十国纪年载：杨行密之父名怤，怤与夫同音，是时行密据淮南方，破杜洪于鄂而有其地，故将佐为讳之，行密之子渭建国之后改文，散诸大夫为大卿，御史大夫为御史大宪，更可证也，鄱阳浮洲寺有吴武义二年铜钟，安国寺有顺义三年钟，皆刺史吕师造，题官称曰光禄大卿捡挍太保兼御史大卿，然则亦非大宪也。王得臣尘史尝辨此事，而云行密遣刘存破鄂州，知新琮不预志□皆略而不书，予又按杨溥时刘存以鄂岳观察使为都招讨使知新，以岳州刺史为团练使，同将兵击楚，为所执杀，则知新乃存偏裨，非不预也。❶

8. 武昌报恩院钟

报恩院在县南百七十里景德间铸钟犹存即此山寺。❷

9. 江夏铁佛寺钟

钟山寺在县东五十里，相传至元间掘地得一钟，因立寺后。寺废，钟由凤陂达于河，至大江溯流而上，抵江夏铁佛寺，僧感梦迎得之。❸

10. 京山真如寺钟

真如寺有宋时钟。❹

11. 京山永康寺钟

永康寺有泰定时钟。❺

12. 黄冈新洲化乐寺钟

钟妖，宋熙宁中，黄冈新洲化乐寺铸钟，大五围，高丈许。正统间，忽从江上飞来，城中四大僧迎请不至，铁佛僧永善披衣望拜，钟忽抵岸，一击七宵旦声不歇，当事者以闻命改铸神器，封大将军镇九关，景泰乙亥，空中钟鸣又数宵旦，铸钟代之，声乃止，今在寺尘土中。❻

---

❶ （南宋）洪迈：《容斋随笔》，北京：北京燕山出版社，2010年，第1页。
❷ （清）夏力恕、迈柱：《湖广通志》卷七十八，载《钦定四库全书》"史部·地理类"。
❸ （清）夏力恕、迈柱：《湖广通志》卷七十八，载《钦定四库全书》"史部·地理类"。
❹ （清）夏力恕、迈柱：《湖广通志》卷七十八，载《钦定四库全书》"史部·地理类"。
❺ （清）夏力恕、迈柱：《湖广通志》卷七十八，载《钦定四库全书》"史部·地理类"。
❻ （清）夏力恕、迈柱：《湖广通志》卷一百一十九-卷一百二，载《钦定四库全书》"史部·地理类"。

下篇：湖北寺观古钟研究

湖北寺观古钟发展历史述略

　　寺观钟伴随着佛道二教的兴起而出现，并随着佛道二教的传播和发展而演变。湖北是荆楚文化繁盛的核心区域，地理环境优越，西南为云贵高原东部边缘的武陵山区、西北有秦岭、大巴山自西向东延伸，东北部的桐柏山、大别山雄踞鄂豫皖三省交界、为长江流域与淮河流域的分水岭，中部、南部地势开敞，河道纵横交织，湖泊港汊密布，物产丰富、鱼米之乡。湖北寺观古钟的发展与该地宗教文化、社会经济、矿产资源、冶铸技术等因素密切相关。从现存实物出发，结合历史文献，不难梳理湖北寺观钟的发展脉络，大致可以划分为三个大的历史阶段：早期阶段、中期阶段、晚期阶段。

一、早期阶段：东汉三国至隋唐时期

　　湖北寺观古钟的早期阶段是东汉三国至隋唐时期，即被称作"中古"的3～10世纪，该阶段是湖北寺观钟的发生和初步发展阶段，其动力正是早期佛教文化在荆楚大地的传播。可以说，佛法的流布为该时期的寺观钟提供了深厚的文化土壤和广阔的社会需求。

　　佛教传入中国的时间不迟于两汉之际，从南亚经中亚最早传入中国的西域于阗（今新疆和田地区）等地，再经西域传入中原内地，安世高、支谶等天竺、西域高僧纷纷来到中原译经传法。佛教传入荆楚大地的时间大约在东汉末年，灵帝末年的关洛战乱导致佛教信徒南迁，安世高率众徒南下，途经湖北到达庐山，遂成为最早在湖北地区传教的高僧。

　　三国时期，以荆州刺史部为主体的湖北地区成为魏蜀吴争夺的中心区域，战事频繁。孙吴政权为了加强对长江中游的控制，曾经两度在武昌（今湖北鄂州）建都，吴大帝孙权更是在武昌称帝，尽管其后孙吴的政治中心一直是长江下游的建业（今江苏南京），但以武昌为中心的长江中游仍然是政治和军事地位仅次于都城的核心地区。政治势力的聚集为佛教的发展提供了丰饶土壤，更多的佛教僧人来到湖北地区，西域僧人支谦、维祇难、竺将炎、康僧会等先后到鄂州翻译佛经，湖北鄂州成为佛教南传过程中形成的新中心。佛教初传、道教初兴的东汉三国时期是荆楚地区寺观钟的发生时期，杨守敬《湖北金石志》卷二记载："赤乌钟（佚），龙潭寺在黄梅县南九十里，有古钟见存，上有赤乌二年，铸字。"同样的记载也见于《舆地纪胜》。赤乌二年即公元239年。这是迄今为止所见寺观钟最早的汉文资料，也是荆楚地区作为中国寺观钟早期策源地的直接证据。

魏晋南北朝时期，长期活跃于北方草原地区的游牧部落以中原王朝内乱为契机，纷纷南下。该时期的政权更迭空前频繁，战火席卷黄河流域，导致了区域性的经济衰退和大量人口南渡。"白骨露于野，千里无鸡鸣"的黑暗现实令人们更加向往宗教虚构的极乐世界，进而助推了佛教在南方地区的进一步发展。荆州、襄阳、鄂州等荆楚重镇一度成为僧人聚集活动之地，武当山寺、昌乐寺、慧宝寺等都是3~6世纪荆楚大地较为重要的佛教寺院。高僧道安率领弟子在襄阳弘扬佛法，先后修建白马寺、檀溪寺，翻译整理佛经，编制佛经目录，襄阳遂成为当时的一大佛教中心。道安的弟子在荆州创建长沙寺、上明寺、西寺，荆州佛教得到快速发展，道安及其弟子对该时期佛教在荆楚大地的传播发挥了重要作用。值得一提的是，南朝时期的梁武帝萧衍推崇佛教，将其抬升至国教的崇高地位，长江流域的佛寺兴建蔚然成风，瑶光寺、普贤尼寺、天居寺、天宫寺、寿王寺等都是萧梁政权在江陵兴建的佛寺。在梁武帝的主导下，长江中游地区原有寺院的规模也得到了进一步扩大，荆州的长沙寺屡屡扩建，其规模号称"天下称最，东华第一"。收藏于日本奈良国立博物馆的南朝陈太建七年（575）铜钟是目前发现的唯一一件南北朝时期的寺观钟实物。同时期的北方地区更可见"寺钟"与"观钟"并行的情景，北周武帝所撰的《二教钟铭并序》就表明，北魏以来的北方地区基本维持着佛道二教并兴的局面，佛寺钟与道观钟并行发展，佛寺、宫观建筑比比皆是。

隋唐时期是佛道二教发展的另一个高峰时期，佛寺宫观的分布范围、建筑规模都达到历史高峰。寺观钟的铸造相应增多，但是由于历史原因，该时段留存下来的古钟并不多，迄今为止还没有发现隋朝古钟，唐代寺观古钟实物粗略统计也只有20多件，比如陕西富县太和山上的宝室寺钟、西安碑林的景龙观铜钟、张掖的镇远楼铜钟、甘肃武威的大云寺铜钟、河北定州开元寺铜钟、山东博物馆龙兴寺铜钟、江苏镇江人民公园铜钟、湖南屏乡唐天宝五年（746）钟、四川潜江民族博物馆唐代铜钟、重庆合川唐代庆林观铜钟、广西浦北县博物馆的斋庆度钟、广西融水县民族博物馆的信乐寺钟、广西容县真武阁开元寺钟、西藏山南扎囊县桑耶寺钟等，这些散存于甘肃、陕西、河北、山东、四川、重庆、湖南、江西、江苏、浙江、广西、西藏的唐代寺观古钟地域分布广泛，钟体高大、形制规整、胎体厚重、铜质优良、铸工精湛、纹样精美、铭文丰富，是隋唐时期寺观古钟冶铸实践的结晶。由于缺乏保护，大量隋唐时期寺观古钟在后世遭到严重破坏，以致遗佚不存。"会昌五年（845）铸开元钱时，废天下佛寺。宰相李德裕请以废寺铜钟佛像及僧瓶碗等物，命所在铸钱。扬州节度使李绅乃以所废寺品铸钱，背加昌字以表年号。又有敕令铸钱所各加本郡州号，名为'背文'，京（京兆）、洛（河南）、兴（凤翔）、梁（汴梁）、荆（江陵）、桂（广西）、潭（湖南）、广（广东）、福（浙东）、越（浙东）、洪（江西）、润（镇江）、昌（成都）、鄂（湖广）、兖（兖州）、梓（东川）、襄（襄州）、丹（河北）、益（西川）、宣（宣州）、平（燕山）、扬（扬州）、蓝（蓝田）共二十三件。"❶记载的就是唐朝晚期熔化废弃铜钟，用以铸成钱币的史实。又如"采石军使，增置营垒，教习长兵，以佛寺铜钟铸弩牙兵器"❷，该段文献史料则说明佛寺铜钟也曾被熔铸成战时兵器。

　　隋唐时期，佛教理论更加成熟，寺院经济独立发展。荆楚大地经历了"鄂州译经、襄阳奠基、荆州弘扬、玉泉立宗、禅起蕲黄"的佛教演进史，丰富了中国佛教教义和经典，扩大了佛教传播范围，对中国佛教的发展产生深远影响，也为寺观钟的铸造和使用提供了深厚的文化土壤。历史文献资料显示荆楚地区在唐代也是寺观钟发达地区，"长乐寺钟（佚），荆门军咸亨钟在长乐寺，铸字云咸亨十三年（《舆地纪胜》，按咸亨止四年，此十字有误）"这段文字见于杨守敬《湖北金石志》，表明荆门军于唐高宗咸亨三年（672）为长乐寺铸钟。归州刺史董寄生在唐高宗仪凤二年（677）铸造的"仪凤钟"，"在郡北龙兴观内"，"重千斤"，《舆地碑记目》也有记载："兴唐寺钟（佚），鄂州城北凤凰山之阴有佛刹，曰兴唐寺，其小阁有钟，题志云：大唐天祐二年（905）三月十五日新铸，勒官阶姓名者两人，一曰金紫光禄大□（夫）检校尚书左仆射兼御史大□（夫）陈新知，一曰银青光禄大□（夫）检校尚书右仆射兼御史大□（夫）杨琮。"该钟铸于唐朝天祐二年（905），大唐帝国摇摇欲坠，两位朝中大臣给兴唐寺铸钟，以祈愿大唐能够从衰落再次走向兴盛。杨行密据淮南，是南吴政权的开创者，其子避讳杨行密的父名中的"怤"（音"夫"），铭文中的"夫"也因此被削去。上述古钟实物已佚，但铸钟发起人都是在荆楚地区具有一定政治地位和影响力的人，他们拥有雄厚的经济实力，所铸寺观钟属于体大质精的上乘之作。

二、中期阶段：宋元时期

　　宋元时期是湖北寺观钟的发展阶段。11～13世纪，宋代湖北地区佛道二教稳步发

---

❶　（元）陶宗仪撰：《说郛》卷九十六。

❷　（宋）王钦若、杨亿、孙奭等编：《册府元龟》卷四百四十六。

展。宋元时期，湖北地区成为佛教在中国南方发展的重要区域，禅宗的影响最大，岭南云门、曹洞宗、临济宗三个派系都在该区域异常活跃。宋室南渡以后，荆楚地区成为南宋的边防地区，宋金、宋元对峙战火席卷，佛教发展受到一定程度的影响，佛教重心移向东南沿海地区，湖北地区的佛教发展在元朝时期逐渐式微。

宋代佛教建筑十分普遍，"今老佛之宫遍满天下，大郡至逾千计，小邑亦或不下数十，而公私增益，其势未已"。佛教僧侣纷纷走进世俗社会向普通民众化缘，通过募集资金的方式修建寺院建筑，"自浮屠氏之说盛于天下，其学者尤喜治宫室，穷极侈靡"，一座座耗资巨大、装饰讲究的寺宇矗立于山水之间。

由于得到真宗、徽宗两任皇帝的尊崇，道教活动风靡宋代朝野上下，道教宫观建筑虽然在数量上虽不及佛家寺院之多，但建筑规模丝毫不逊色于佛教建筑的建筑规模。如耗资 930 贯的建昌军南丰县妙灵观规模宏大，"屋之壮丽，无一不备，可谓大矣。屋以楹计，为二百五十，钱以万计，为九十三"❶，整个建筑群包括外门、钟楼、三门、东西厢房、三清殿、法堂、北极殿以及寝室等。悬挂寺观钟的钟楼是佛道场所必不可少的建筑景观，许多资金被频繁用于钟楼营建，譬如元符二年（1099）临川罗汉院修建钟楼❷；嘉定九年（1216）常熟县大慈寺建钟楼，"翚飞半天，遐眺无际。寺与楼称，钟又称之，费几万缗"❸；南宋时乌镇密印寺僧人用从四川、广东得到的 2 万缗修建了钟楼❹。由此可见，宋代寺观建筑尤其是钟楼的兴建蔚然成风。

钟成为宋代宗教活动的必备法器，铸钟活动十分频繁，各地民众都有捐资铸钟的情况，譬如广西郁林州僧人法永于宋英宗治平四年（1067）"施衣钵钱贰拾伍贯文足，铸造大洪钟一口七百斤"❺，道州宁远县九嶷山承福寺僧人善义于元祐元年（1086）"僧人释善义"舍钱二十贯文，制造大钟一口"❻。除了僧侣募资铸钟外，也有乡民集体捐资铸钟的，譬如澧州石门县乡民于景定五年（1264）向存志观"谨施家财一百贯，铸造洪钟一所，舍入本观，烧香祝延圣寿"❼。乡民集体捐资铸钟表明佛道二教在宋代更加深入民心，更加世俗化。存世宋代寺观古钟数量明显多于唐代，其中不乏材质精良的大型铜钟，譬如北京大钟寺古钟博物馆收藏的北宋熙宁十年（1077）铜钟是难得一见的古钟精品。

❶ （宋）吕南公撰：《灌园集》卷九《妙灵观兴造记》，第 1123 册，第 96 页。

❷ （宋）汪革：《水梁罗汉院钟楼记》，载《全宋文》第 137 册，第 198 页。

❸ （宋）释居简撰：《北涧集》卷三《常熟县大慈寺钟楼记》，第 1183 册，第 29 页。

❹ （宋）范成大撰：《石湖诗集》卷四《乌戍密印寺》，第 1159 册，第 621～622 页。

❺ （宋）法永：《龙兴寺钟款》，载陆增祥《八琼室金石补正》卷一百〇三，第 722 页。

❻ （宋）释善义：《九嶷山承福寺钟款》，载《全宋文》第 109 册，第 66 页。

❼ （宋）李梦庚：《存志观钟款》，载陆增祥《八琼室金石补正》卷一二〇，第 852 页。

与存世唐代寺观古钟不同，散存于全国各地佛教寺庙和道教宫观的宋代寺观古钟绝大多数为铁质，铜钟相对较少，这和宋代特殊的政治、经济背景密切相关。两宋时期，宋廷在北方与辽、金、西夏等政权的对峙导致大量财富流失，国力锐减，频繁的战争也加大了铜质兵器的消耗量，最终致使铜资源长期匮乏。朝廷为了将铜资源集中到官府，多次实行铜禁政策，甚至低价收购民间铜矿、铜料，譬如宣和七年（1125），官府按"铜每斤，官买其直百钱"[1]的强制性低价向坑冶户购买铜料。仅有王安石执政时曾"罢铜禁"[2]，允许民间自由买卖铜料，这为寺观铜钟的铸造提供了可能性，典型事例有元丰二年（1079）林英向广州的天庆观捐钱一十五贯文，并指定购买一百斤铜用以铸钟[3]。元祐元年（1086），朝廷又下诏重申铜禁，要求除诸军官员器用、鞍辔及寺观士庶之家古器、佛道功德像、钟、磬、铙、钹、铃杵、相轮、照子等以外的其余铜器限期送交官府，并继续低价收购民间铜器。铜禁政策直接影响了宋代寺观钟的材料来源，加之有宋一代实现了冶铁技术的飞跃性进步，故而大多数寺观往往用铁铸钟。

湖北地区寺观钟在宋元时期获得一定程度的发展，不仅历史文献中有相关记载，保存至今的传世文物中也有多件宋元古钟，如北宋宣和七年（1125）沔阳州祈福观钟、随州大洪山宋代铜钟残片、武昌宝通禅寺大雄宝殿东南角悬挂的南宋嘉熙四年（1240）铜钟、南宋景定元年（1260）普安寺钟、当阳玉泉寺元至大元年（1308）铁钟、荆州开元观藏至大二年四大天王名号铜钟（1309）、荆门东山报恩万寿寺元至大元年（1308）钟、当阳景德寺元延祐七年铁钟（1320）、天门乾明寺元至治三年钟（1323）、襄阳广德寺泰定三年铁钟（1326）、随州纪光普照寺元泰定四年钟（1327）、随州宝林寺元天历元年钟（1328）和荆州铁女寺至正六年铁钟（1346）等。荆楚地区宋元时期的寺观古钟集中分布在襄阳、随州、天门、荆门、当阳、沔阳、武昌等地，从12世纪初到14世纪中叶的300多年的时间内被持续铸造。

由上述情况可见，宋元时期的湖北寺观古钟有以下几个特点。

第一，所见实物几乎全部为佛寺钟。荆州开元观收藏的铜钟上有佛教尊崇的护法持国天王、护法多闻天王、护法广目天王、护法增长天王，因而也属于佛寺钟。这在一定程度上表明，宋元时期荆楚地区的佛道二教虽都有发展，但佛教发展的态势和规模明显胜于道教。

第二，就铸造材质而言，铁钟居多，铜钟较少，这与宋元时期铜矿资源紧缺密切相关。不过，无论是铜钟还是铁钟，其冶炼铸造的技术并不逊色于唐代。

---

[1] （宋）杨时：《论时事》，载《龟山集》卷四，第1125册，第132页。
[2] 《苏轼文集》卷一四《张文定公墓志铭》，第455页。
[3] （宋）胡日新：《天庆观铜钟款》，载《全宋文》第100册，第94页。

第三，湖北宋元寺观古钟形体高大、气势雄伟，高者如当阳玉泉寺延祐七年铁钟，通高 264 厘米；小者如荆州开元观藏至大二年铜钟，也有 144 厘米。两者均为悬挂于钟楼的大型钟，几乎没有发现数十厘米高的小型钟和 20 厘米左右的案头小钟。

第四，宋元时期湖北寺观古钟拥有规整统一的形制，对后世寺观钟的形制产生了深远影响。钟纽蒲牢造型，二龙向背而立，龙首俯身咬合钟顶，钟顶为穹隆形，钟顶与钟身结合的钟肩部位装饰一周莲花瓣，钟体呈上下直径变化不大的直筒状（宋代为短直筒，而元代为长直筒），钟身均有袈裟纹和位置较低的圆饼形撞座，钟裙为弧形的台状，钟口为八耳波弧状。装饰题材较为单一，除了钟顶的龙之外。此外，环绕钟体分布的铭文也具有装饰作用，钟且比唐代钟的铭文分布更为分散，钟铭内容也更加丰富。唐代寺观钟北方的波弧口和南方的袈裟纹都在宋代荆楚寺观钟上得到了体现，说明战乱导致的人口迁徙促进了南北文化的融合。

三、晚期阶段：明清时期

明清时期是中国寺观钟的晚期阶段与繁荣时期，明清寺观钟的分布范围、适用场所以及古钟体量等相较前代有很大变化。

首先，寺观古钟的分布从中原内地迅速向边疆省份扩展，覆盖全国各省区，佛道二教发展所及地区几乎都有寺观钟的铸造。事实上，边疆地区的古钟铸造有着悠久的历史，如武威大云寺唐代铜钟、张掖靖远楼唐代铜钟等不仅体量高大，纹饰精美，钟体厚重，铜质精良，说明河西走廊在唐代就习得了十分高超的铸钟技术，西藏桑耶寺藏唐代铜钟和敦煌莫高窟所藏元代藏文铜钟残件亦见证着西北古钟铸造过程中的藏汉文化融合，广西所存唐代铜钟更是中国古代寺观钟的经典之作。经历宋辽金元数百年的发展，明清时期的边疆地区普遍掌握了成熟的铸钟技术。从存世古钟的分布来看，新疆、内蒙古、青海、西藏、云南、广西、东北三省、海南岛以及台湾地区都有古钟遗存。昌吉州博物院藏巴里坤庙咸丰七年铁钟、阜康市博物馆藏铁瓦寺遗址铁钟残片（铸有文字）和五道庙清代铁钟、吉木萨尔县博物馆藏清代铁钟（大有村征集）、丝绸之路北庭故城遗址博物馆藏铁钟、呼图壁县博物馆藏大丰镇征集清代铁钟和奇台县博物馆藏春秋楼铁钟等都是新疆天山北麓廊道沿线博物馆常见的古钟遗存，即便是在天山北麓阿勒泰地区的清河县博物馆，我们也能见到铁质古钟。

其次，明清时期中国寺观钟演变出更多类型，出现了文庙钟、关帝庙钟、妈祖庙钟、会馆钟、禹王宫钟、朝钟及城市钟楼钟等各种适用于不同场所的钟。文庙是祭祀儒家学说创始人孔子的庙宇，中国古代官方所建各级教育机构如县学、府学、太学，都是与文庙比邻而建，有的是前庙后学，有的是左庙右学，故称"庙学"。关帝庙为供奉三国时期的历史人物关羽而设，其忠义仁勇的品格得到广大民众的尊崇，并且受到历代封建统治者的推崇和加封，由普通人而称圣人，从圣人演变为神，其封号从关公、关王、关圣大帝，神格不断抬升，关帝信仰随着华人的迁徙流动而遍布世界各地。妈祖庙是中国沿海及东南亚地区供奉航海保护神妈祖的庙宇，又称天妃宫、朝天宫、天后宫，是海洋文化的重要载体，妈祖信仰传播到世界许多国家和地区。禹王宫又称禹王庙，供奉善于治水的华夏始祖大禹的庙宇，禹王庙的创建始于汉高祖刘邦，延续至今，分布广泛。会馆是明清时期都市中由同乡或同业组成的民间团体活动和祭祀神灵的场所，是人口流动和商业发展的历史见证。前述民间祭祀场所仿效寺观建筑布局兴建的钟楼并在祭祀礼仪过程鸣钟祈福。朝钟则是封建朝廷举行重要政事活动时鸣响的大钟，是王朝威仪的象征。城市钟楼是明清城市的重要标志性建筑，是中国古代城市景观的重要组成部分，钟楼悬挂的大钟，晨昏报时，是古代城市社会秩序管理的重要工具。尽管这些门类的钟并非用于佛寺道观，但形制、结构、声音以及敲击方法都与寺观钟相同，可视为寺观钟的新发展。

最后，明清时期寺观钟冶铸技术臻于至善，达到历史高峰，其表现主要有三点。其一，南京明洪武年款铜钟、北京钟楼永乐年款铜钟、北京大钟寺古钟博物馆大钟楼悬挂的永乐年款铜佛钟、钟园存放的永乐年款的铁钟以及云南金殿等重达数十吨的巨型铜钟于明朝初年首现，其中的北京钟楼永乐年款铜钟更是重达 63 吨。其二，作为明清两朝政治、经济、文化的首善之区，北京保存了大批体量较大、铸工精良、装饰精美的铜钟，成为全国寺观古钟精品存世最多的地区。其三，铸钟技术在全国范围内广泛传播，全面覆盖内蒙古、新疆、西藏、云南、海南岛以及黑龙江等边疆地区，各地现存的寺观古钟数量皆远超此前任何历史时期。

在上述历史背景下，明清时期湖北寺观古钟的铸造也呈蓬勃之势，主要表现在以下三个方面：

第一，湖北现存明清时期寺观古钟的数量明显增加，就目前调查情况而言，明清寺观古钟达 37 件，占调研收集所得湖北寺观古钟总数的 85%。

第二，湖北明清时期寺观古钟的分布范围随着佛道二教在湖北的传播，由江汉平原向周边进一步扩大，覆盖西部土司控制的武陵山区和北部道教兴盛的武当山地区。恩施州博物馆馆藏的永宁寺铜钟从鹤峰县征集，体量较大，铸造工艺精良，还有记载了大量捐铸人信息的 2000 多字铭文。武当山地区因为道教的兴盛而成为湖北道教宫观古钟集中分布区。

第三，湖北明清时期寺观古钟的质量出现精粗两极分化，质量上乘者有被作为明代皇室御赐之物的襄阳谷城承恩寺铜钟，其精美程度在有明一代亦属罕见，同时也存在着相当一部分材质和工艺均较粗劣的铁钟，它们大多是由民间捐铸的铁钟。

综上所述，湖北地区地处长江中游，雄踞中华大地中部，九省通衢、交通便利，是对中华文化汇聚融合、传承发展做出重要贡献的地区。寺观古钟作为湖北地区历史文化的产物有其自身发展演变的历史过程，呈现了不同历史阶段的时代风格特征，承载了丰富的社会历史人文信息，是散落在湖北大地珍贵的历史文化遗产，有待我们更深入的研究和更妥善的保护。

（作者：庾华）

武昌宝通禅寺藏宋代大安寺铁钟考

宝通禅寺位于湖北省武汉市洪山南麓（武昌区武珞路 549 号），是武汉现存最古老的佛教寺院，也是中南地区规模屈指可数的重要汉地寺院之一。其占地面积达 11 万平方米，历史遗存丰富，于 1992 年被列为湖北省文物保护单位。宝通禅寺大雄宝殿东南角二层楼阁上悬挂着一件体量较大的宋代铁钟，钟通高约 300 厘米、底口直径约 160 厘米、钟唇厚 16 厘米，钟纽为二龙交缠的蒲牢造型，龙身壮硕，四足深嵌，与钟顶熔铸一体，虽然铁钟表面有铭文，但只有部分文字可识读，尤其钟体上部铭文几乎全部漫漶不清。湖北地区现存宋代寺观古钟数量有限，体量较大者更是少之又少，宝通禅寺藏宋代大安寺铁钟之珍贵价值不言而喻。本文试从捐铸人、历史变迁、形制特点等几个方面进行考证和讨论，以期深入揭示该钟的历史文化内涵。

一、宝通禅寺藏宋代大安寺铁钟捐铸人：孟琪

佛寺钟是佛教寺院号令僧众、沟通梵界的重要法器，佛寺钟的铸造是佛教寺院神圣庄严的大事件，通常由僧俗两界具有影响力的重要人物完成，寺院的住持、政界要员、富家大户在其中发挥重要作用，并在钟体上镌刻参与其中的相关人员信息。宝通禅寺现存铁钟铭文内容很丰富，可辨识的如祝颂语"风调雨顺、国泰民安、皇帝万岁、重臣千秋"，这些字体纵向竖排，均匀分布于钟体上部四周，另一段祝颂语"皇风永扇、帝道遐昌、佛日增辉、法轮常转、三涂六趣、受苦众生、闻此钟声皆解脱"，分布于钟体下部的一个方区内，钟体上部四个方区内也隐约可见文字，但完全无法辨认。所幸，清代杨守敬《湖北金石志》所记载"大安寺钟铭"能够帮助我们更全面地了解该钟铭文，书中记载如下：

大安寺钟铭，存，正书，阳文，在江夏县。

蒙潮公和尚心，□无志，□□穷，鼎新梵宇，楼□□大，般般无欠，欠者鸿钟七宝，□□剋日用工，未求拙语，共结因缘，所脱就幽暗皆明，聊塞其意。波

心潮出个家风，般般无欠欠全钟，净心竭力功圆满，喝得金乌离海东，嘉熙庚子七月中元，汉东孟珙书。❶

该书辑录的钟体铭文正是现已无法辨认的部分，文中提到了两个一僧一俗的重要人物——"潮公和尚"和"孟珙"，充分说明了孟珙受大安寺潮公和尚之托撰写铁钟铭文的历史事实。著有《湖北金石诗注》的清代学者严观对该钟进行了实地考察并对钟体大小进行了测量："严案右宋嘉熙钟，高六尺五寸，径三尺八寸二分，住江夏县铁佛寺，汉东郡侯孟珙造。钟界为上下二层，上层记铸造之由及监造官名字，名缺蚀。"❷ 他认为钟体上层铭文记述了铸造缘由和监造官员名字，可惜人员名字已经腐蚀不清，无法辨认。

由此可见，现存宝通禅寺的铁钟捐铸人无疑是南宋名将孟珙，铁钟则成铸于南宋嘉熙四年七月（1240）。孟珙（1195～1246）是活跃于南宋中后期的军事家，他出生于枣阳，因在灭金抗蒙的战争中屡建奇功而受封汉东郡开国公。《宋史》卷四一二《孟珙传》详细记载了他的生平事迹。

据史料记载，孟珙自嘉定十年（1217）开始领兵，至淳祐六年（1246）病死，戎马一生、征战无数。其官职频频升迁，先后任光化县副尉（嘉定十四年，即1221）、峡州兵马监押兼在城巡检（宝庆元年，即1225）、京西第五副将、神劲军统制（任职于枣阳，绍定元年，即1228）、鄂州江陵府副都统制（端平元年，即1234）、建康府诸军都统制兼权侍卫马军行司职事、屯驻襄阳兼镇北军（后改为御前忠卫军）都统制，移驻黄州（端平二年，即1235）兼任光州知州、黄州知州、京西湖北路制置使（嘉熙二年，即1238）、京湖安抚制置大使兼夔州路制置大使（淳祐元年，即1241）、汉东郡开国公、兼江陵知府（淳祐四年，即1244）等职。除了率军抗击金人、蒙古人进犯之外，孟珙还在枣阳、汉口、汉阳等地驻兵屯田、养马，发展农业和畜牧业，提振经济，供应军需。他死后被南宋朝廷追赠少师、太师，封吉国公，谥号"忠襄"。❸

后世对孟珙的评价很高，明朝魏源赞扬孟珙说："不阅襄阳数载之围，不知孟珙保障之功。"❹ 黄道周亦赞叹道："孟珙才贤，能经善权。……金既破灭，改而防元，荆、襄、樊、汉，百计保全。一谋一策，无不了然。时哀君懦，尽付空言。赍志以

❶（清）杨守敬撰，熊会卢批校：《湖北金石志》卷十四，民国十年朱印本，第492页。
❷（清）杨守敬撰，熊会卢批校：《湖北金石志》卷十四，民国十年朱印本，第492页。
❸ 张硕主编：《荆楚百位著名将领》，武汉：湖北教育出版社，2010年，第44-46页。
❹（清）魏源：《元史新编》卷二十八《平蜀功臣传》。

殁，凭准间天？"^❶"忠君体国之念，可贯金石。"^❷

孟珙虽出身将门，但文化修养亦高，且有很深的佛教情结。史载："（珙）和易近人、谒士、游客、老兵、退卒，皆诚接纳。唯临阵，接将士，则凛然严厉。无事，则焚香静坐。货色之类，视若无睹。精易学，亦通佛学，自号无庵居士。"^❸孟珙能武亦善文，学养深厚，通《易经》，著有《警心易赞》，也通佛学，常常焚香静坐，"远货色，绝滋味"^❹，自律精进，待人宽厚，以"无庵居士"自称。孟珙捐铸的大安寺铁钟是其参修佛法、支持弘扬佛教的历史见证。

二、宝通禅寺藏宋代大安寺铁钟的历史变迁

宝通禅寺大雄宝殿悬挂的这件宋代铁钟经历了多次迁移。清人吴式芬《金石汇目分编》有载："宋大安寺钟铭，孟珙撰，并正书，阳文，嘉熙庚子七月中元，在城内长街铁佛寺。"^❺此当为迄今所知关于该钟的最早记录，可知钟最初在大安寺悬挂，清代时已被移至汉阳"城内长街铁佛寺"。清代学者严观认为："钟供奉于汉阳大安寺者，今其寺不可考，明洪武末，楚昭王猎于马跑泉，见兔起，射之不见，掘地得钟，因供奉于铁佛寺，即是钟也（见陈述知楚会存书）。是钟铸于宋，不知何时沉埋土壤中，及明乃出，故著录家都未之及也，又楚王得钟时，钟下有石罗汉二，今并在铁佛寺。"^❻据严观考证，该钟最初所在的汉阳大安寺早已消失不存，明洪武末年，当时的楚昭王在马跑泉猎杀兔子的时候发现该钟，将其供奉于铁佛寺。民国时期的王葆心在其书《汉浒金石小记》记载该钟：

> 大安寺钟铭宋孟珙撰。
>
> 汉阳县志云，大安寺钟铭，宋嘉熙四年孟珙铸，今移江夏铁佛寺中，钟上层珙结衔，后布舍姓名，大半剥落。按嘉熙四年，珙于汉口置屯二十以养新兵，钟铸于李家洲，正属管内，今洲已湮没，钟之移置未审何时。铭序脱落不可句读，其末云：波心潮出个家风，般般无欠欠金钟，净心竭力功圆功，喝得金鸟离海

---

❶ （明）黄道周撰：《广名将传》卷十六，北京：中华书局，1985年，第438页。

❷ （元）脱脱等撰：《宋史》卷四一二《孟珙传》，北京：中华书局，2013年，第12380页。

❸ 胡秋原著：《中国英雄传》，北京：九州出版社，2010年，第189页。

❹ （元）脱脱等撰：《宋史》卷四一二《孟珙传》，北京：中华书局，2013年，第12380页。

❺ （清）吴式芬撰：《金石汇目分编》卷十三《补遗》，第1444页。

❻ （清）杨守敬撰，熊会卢批校：《湖北金石志》卷十四，民国十年朱印本，第492页。

东。嘉熙庚子七月中，汉东（原文错写为"东汉"）孟珙撰。❶

王葆心沿用《汉阳县志》的记录，认为该钟铸于李家洲，原供奉于大安寺，后来移至江夏的铁佛寺，近年新编的《民国夏口县志校注下》亦沿袭此说法："大安寺钟铭，宋嘉熙四年孟珙铸，后移江夏铁佛寺中。钟上层珙结衔、后布舍姓名，大半剥落。"❷"按嘉熙四年，珙于汉口置屯二十，以养新兵。其钟铸于李家洲，正其管内。今李家洲已湮，大安寺钟之移置未审何时。因前贤之迹不可不志颠末，钟铭并序：'蒙□潮公和尚心□无志□穷鼎新梵宇楼□大□般般无欠欠者鸿钟七宝□尅日用工来拙语共结因缘所□脱新幽暗皆明□□聊塞其意□波心潮出个家风般般无欠欠金钟净心竭力功圆满竭得金鸟离海东嘉熙庚子七月中元汉东孟珙撰。'"❸进一步阐明该钟的铸造地点是孟珙屯兵汉口时辖区内的李家洲。李家洲在民国时期已淹没，不可考，楚昭王将大安寺钟移置铁佛寺的时间也未在文中得到说明。

楚昭王是朱元璋第六子，七岁被册封为楚王（洪武三年，即1370），18岁即藩王位（洪武十四年，即1381），是明代楚藩封国（1370～1643）的第一代王，永乐二十二年（1424）病死，葬于今江夏龙泉山昭园，他的墓葬已被考古发掘，墓中有鎏金铜封册两版，阴刻封文190字：

> 维洪武三年岁次庚戌四月己未朔越七日乙丑，皇帝若曰：君天下者禄，及有德贵子必王，此人事耳，然居位受福，国于一方，尤简在帝心，小子桢，今命尔为楚王，分茅胙土，岂易事哉！朕起自农民，与群雄并驱十有八年，艰苦百端，志在奉天地，享神祇，张皇师旅，伐罪救民，时刻弗怠，以成帝业。今尔固其国者当敬，天地在心，不可逾礼，以祀其宗社山川，依时享之，谨兵卫，临下民，必尽其道，於戏！奉天勤民，藩辅帝室，能修厥德，则永膺多福，体朕训言，尚其慎之。❹

墓中还发现一件鎏金铜谥册，两版刻文130字：

> 维永乐二十二年岁次甲辰三月丁丑朔越十五辛卯，皇帝制曰：朕惟告王之典，生既有爵，殁必有谥，名所以彰其德，谥所以表其行，故行有大小，谥有重轻，此古今公议不可废也，朕弟楚王资禀温厚，笃于孝友，安荣贵富，实期永

❶ （民国）王葆心著：《汉游金石小记》，武昌益善书局，1933年。

❷ 武汉地方志办公室、武汉图书馆编：《民国夏口县志校注下》卷十九《艺文志二》"金石"条，武汉：武汉出版社，2010年，第624～625页。

❸ 武汉地方志办公室、武汉图书馆编：《民国夏口县志校注下》卷十九《艺文志二》"金石"条，武汉：武汉出版社，2010年，第624～625页。

❹ 湖北省文物考古研究所、武汉市文物考古研究所、武汉市江夏区博物馆：《武昌龙泉山明代楚昭王墓发掘简报》，《文物》2003年第2期，第15-16页。

久，属兹遘疾，遽然薨逝，特遵古典，赐尔谥曰昭，於戏！德以名彰，行因谥显，王其有知，服斯宠命。❶

楚系藩王自楚昭王开始，庄王、宪王、康王、靖王、端王、憨王、恭王、贞王共传续了九代王，居于武昌长达 263 年。楚昭王在跑马泉狩猎过程中意外发现宋代大安寺钟，以"大安"为名的寺庙在全国各地有多座，如山西的大安寺"在应州南三十里，元建，有碧峰、独峰和尚二塔"❷，江西的大安寺"在省城北，初名东寺，有铁香炉，高六尺许，识云吴赤乌元年造，晋时西域僧安世高，本安息王太子，避位来，止于此，遂名大安寺。一云晋隆安二年，镇西将军谢尚施宅为之，唐武德间改为宣明寺，大中间又改菩济寺，明初重建，复今额，邑人熊洪度有记"❸等，今湖北境内的汉川、潜江、安陆等城市均有大安寺，汉川市的"大安寺、妙兴寺、观音泉寺、长春寺俱在县西南梅城乡"❹，潜江县的"大安寺在县北二十里，元建"❺，安陆市的"大安寺在县西南四十里"❻。潜江的大安寺始建于元代，不可能是这件宋代铁钟的原出地。汉川市、安陆市的大安寺均距离武昌不远，都在明代楚昭王外出狩猎范围之内，极有可能是这件宋代铁钟的原出地。落卧于草丛的铁钟被正在射猎的楚昭王意外发现，并被移至汉阳城内长街铁佛寺存放。史载铁佛寺"在县文昌门内，梁天监中邵陵王舍宅建，唐天宝中铸铁佛，三更今额，明敕修，置僧纲司于内，后毁"❼。可见肇建于萧梁的铁佛寺在清代已毁荡无存。

武昌宝通禅寺原名东山寺。南宋时期，随州大洪山大慈恩寺僧众为了躲避南下金兵，在朝廷护送下，携大洪山寺额、法物、佛足等迁至武昌东山寺，改东山为小洪山，变东山寺为洪山寺。及至明代，该寺得到楚系藩王的支持，改门额为"宝通禅寺"。

在随迁法物的过程中，由于大洪山大慈恩寺原有的铜钟体量较大，难以搬运而留在原地，直到被发现时已经沉埋土中近千年（见图大洪山大慈恩寺宋代铜钟残件）。

三、武昌宝通禅寺藏宋代大安寺铁钟的形制特点

寺观古钟是中空体鸣响声器，由钟纽和钟体组成，钟体又可分为钟顶、钟肩、钟

❶ 湖北省文物考古研究所、武汉市文物考古研究所、武汉市江夏区博物馆：《武昌龙泉山明代楚昭王墓发掘简报》，《文物》2003年第2期，第15～16页。
❷ （明）李贤撰：《大明一统志》卷二一。
❸ （清）谢旻：《钦定四库全书·史部·地理类·江西通志》卷一百一十一。
❹ （清）夏力恕、迈柱：《湖广通志》卷七十八，载《钦定四库全书》"史部·地理类"。
❺ （清）夏力恕、迈柱：《湖广通志》卷七十八，载《钦定四库全书》"史部·地理类"。
❻ （清）夏力恕、迈柱：《湖广通志》卷七十八，载《钦定四库全书》"史部·地理类"。
❼ （清）夏力恕、迈柱：《湖广通志》卷七十八，载《钦定四库全书》"史部·地理类"。

腹、钟裙和钟唇，各部分的造型与装饰共同构成寺观古钟的形制。历史发展导致的技术更新、地域变化引起的审美差异都在不同程度上对寺观古钟的形制产生影响，进而表现出较为鲜明的时代和地域特征。宝通禅寺藏宋代大安寺铁钟的形制既有宋代寺观钟的时代特征，也有长江以北地区的地域特征。

钟纽：钟体的悬挂装置，通常铸成蒲牢造型，即两条小龙的身体交叠缠绕，龙首相向或相背，四足紧抓钟顶，两个龙首俯身咬合钟顶。相传龙生九子，各具特点，其中的蒲牢因善鸣，尤其在海边被海中大鲸鱼追赶时惊恐万分，鸣叫声洪亮远闻，故被铸于钟顶，而撞钟的钟槌也做成鱼形，以期撞出的钟声洪亮悠远。宝通禅寺藏宋代铁钟的钟纽龙首相背，龙身粗壮，鳞纹生动，较之于唐代钟纽更显硕大威猛，也没有同时期北方钟纽的人面化龙首特征。

钟顶：呈穹弧形，光素无纹。

钟肩：由上、下两道粗弦纹组成一周纹饰带，纹饰带内由约16组双瓣莲纹，每组莲纹之间由三条纵向细阳线间隔，莲瓣细长，边缘圆润，瓣面饱满，具有唐代双瓣莲纹的遗韵。

钟腹：呈直筒形，腹部一组弦纹（两粗两细共四条）将钟体分为上下两部分，钟体上下整齐划分八个方区，上部四个方区之间的区域铸阳文大字，方区光素无纹，小字铭文安排在个别方区内。该钟严格继承了唐代南方地区寺观钟的方区装饰法，与同时期北方钟的方区排列错乱相比，该钟的方区划分严谨、规范，排列整齐。

钟裙：两道粗弦纹将钟腹与钟裙分隔，钟裙为微微高出钟体表面的台地，光素无纹。

钟口：呈六耳波弧状，继承了唐代北方地区寺观钟的波弧口沿，如西安碑林藏景龙观铜钟、陕西富县宝室寺铜钟、武威大云寺铜钟、张掖鼓楼铜钟等唐代铜钟，钟口皆为波弧形，而唐代南方地区寺观钟如广西容县铜钟、信乐寺铜钟等均为平直口沿。

铭文：内容丰富，包括祝颂语和记录铸钟缘由的纪实文字，祝颂语排布于钟体的上、下腹。上腹四周方区之间的间隔区纵向排列"风调雨顺、国泰民安、皇帝万岁、重臣千秋"，该钟另一段祝颂语"皇风永扇，帝道遐昌，佛日增辉，法轮常转，三涂六趣，受苦众生，闻此钟声皆解脱"位于钟下腹部的一个方区内，基本奠定了中国寺观钟祝颂语的基本形态，但与后世常见的祝颂语略有区别的是有一句"重臣千秋"，这是宋金时期寺观钟常见的具有时代特征的祝颂语，在后世尤其明清时期寺观古钟上极为少见，反映了捐铸人的政治地位和心理诉求。

由此看来，武昌宝通禅寺藏宋代大安寺铁钟是宋代长江沿线寺观钟的典型代表，钟体形制既有对唐代寺观钟的继承，又因独特的地理位置而融合南北寺观钟的装饰手法，继承基础上有所创新。这种南北融合风格奠定了中国寺观钟的形制主流，对后世寺观钟形制产生深远影响。

　　中国寺观古钟存世数量惊人，但唐宋时期寺观古钟保存至今的十分有限，且因为宋代铜资源十分匮乏，寺观钟铸造不得不用铁替代，与高大精美的唐代铜钟形成鲜明对比。铁金属的易氧化特性导致多数铁钟锈蚀严重，铭文信息不能完好保存，文物价值受到一定程度的影响。武昌宝通禅寺藏宋代大安寺铁钟是宋代铁质寺观古钟的珍品，其保存相对完好，历史文化内涵丰富，是研究湖北宗教文化发展史、冶金铸造技术史的重要实物资料。

（作者：庾华）

当阳玉泉寺现存元代铁钟与关公信仰

当阳玉泉寺大雄宝殿前院露天陈放有两口巨大的元代铁钟，除钟纽残损之外，钟体基本保存完好。两件古钟分别铸于元至大元年（1308）和延祐七年（1320），形制相近，皆属铁质寺观钟。《天工开物》有云："凡铸钟，高者铜质，下者铁质。"❶古时铸钟以铜质为佳，铁钟要略逊色于铜钟。至大元年铁钟（图1）残高225厘米，口径160厘米，延祐七年铁钟（图2）残高250厘米，口径186厘米，钟纽均为双龙蒲牢造型，可惜龙身皆残缺，仅龙头残存于钟顶。对于钟纽残损的情况，《玉泉寺志》卷二《古迹志》载："铁钟二，一元至大元年四月佛生日造，住山霞璧宣公命寺僧宝镜远募潭湘、醴陵铸就，舟运而归；一延祐七年十月造，明季纽坏，僧海福重悬，顺治初纽仍坏，僧寂崇复悬，今纽又坏。"❷可知，两钟钟纽早在明代已被损坏，清初顺治年间再次残损。钟肩一周双瓣莲，瓣面圆润饱满，花瓣之间有细线花蕊；钟体装饰三层方区，除了钟体上部有两层共八个方区之外，圆形撞座以下至钟裙部位也有长方形方区；钟裙为微微凸起的带状台地，钟口都是八耳波弧形。在造型上，都继承了湖北地

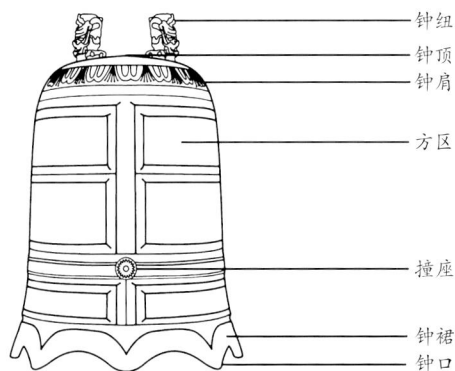

图1　至大元年铁钟各部位名称示意图　　　　图2　延祐七年铁钟各部位名称示意图

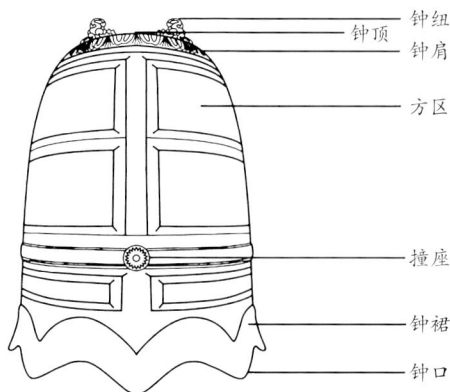

❶ （明）宋应星撰：《天工开物》，北京：中国社会出版社，2004年，第234页。

❷ （清）李元才撰：《玉泉寺志》，扬州：广陵书社，2006年，第154页。

区宋代寺观钟的造型风格。

两件古钟的铭文都在钟体上部的方区之内，记载了玉泉寺历史、铸钟缘由、寺庙住持僧侣以及参与捐资铸钟的官员、民众姓名。两件铁钟铭文在叙述寺庙历史时均涉及三国人物关羽，且前半部分完全相同，皆为：

> 荆门玉泉在襄汉，为大精舍，山水佳胜，乃陈隋智者颛禅师遗迹之地。后唱教于天台二浙，终焉，佛陇而龛护，惟谨关公云长，生为忠臣，没封王神，庙食兹山，感师之德，以威力夜挟霆雨，撼摇山陇，撤龛钥，移定身而归瘗玉泉。异哉，公以宿愿力而护法，如长城宜壮节，猛烈雄伟，卓出千古，垂之国史，而英风不泯也。

此段文字大意是：玉泉景德禅寺（玉泉寺）为江汉平原一带的大寺庙，山清水秀，是陈隋之际高僧智者颛禅师曾经清修的地方，后来他在江浙一带宣扬天台宗，直至生命终结。死后封神的关公被智者颛禅师的事迹感动，施展威力将其遗体移埋于当阳玉泉。关公倾力护法、弘扬佛法的传说，不仅为玉泉寺的兴盛做出注解，也为玉泉寺后世僧众敬仰和传颂，称其"卓出千古，垂之国史，而英风不泯也"。

令人好奇的是，铸造时间前后相差12年的两件元代古钟为何都铸这段相同的铭文，玉泉寺与关公信仰又有着怎样的关系？

玉泉寺位于覆船山东麓，是一座规模宏大、历史悠久的古老佛教寺院。现有建筑群坐西朝东，布局规整，功能齐备，主要有天王殿、大雄宝殿、毗卢殿、韦驮殿、伽蓝殿、千光堂、大悲阁、十方堂、藏经阁、文殊楼、传灯楼、讲经台、般舟堂和圆通阁等，其中绝大部分建筑为清代重建，不仅是驰名中外的佛教圣地，也是全国著名的风景名胜区。玉泉寺的历史最早可以追溯到东汉时期，相传普净禅师于建安二十四年（219）结茅玉泉山下。寺后的覆船山因其山形颇似一条倒置的船舶而得名，梁武帝在此敕建"覆船山寺"，时值南北朝大通二年（528）。至隋开皇十二年（592），古钟铭文中提及的智者颛禅师建寺于此，隋文帝赐额"玉泉寺"。唐仪凤二年（677）禅宗北宗神秀到玉泉寺弘法。经过隋唐时期的经营和发展，玉泉寺声名大振，与浙江国清寺、山东灵岩寺、江苏栖霞寺并称"天下四绝"。玉泉寺在宋代继续得到赵宋皇室的支持，宋真宗明肃皇后于景德、天禧年间（1004～1020）斥资扩建，并将寺名改为"景德禅寺"。扩建后的寺庙成为"荆楚丛林之冠"。元代沿用"景德禅寺"之名。直到明初，"景德禅寺"才被恢复为"玉泉寺"的原名，并于明万历年间获得神宗御赐匾额"荆楚第一丛林"。

关羽是家喻户晓的三国时期历史人物，他"字云长，本字长生，河东解人也"❶。西晋陈寿所撰《三国志》里的《关羽传》记载了关羽的戎马生涯，其中包括与刘备、张飞的君臣兄弟之情、解白马之围、报曹操知遇之恩、刮骨疗毒、水淹七军、败走麦城等事迹。关羽的品德可以用"忠义仁勇"来概括：

> 先主于乡里合徒众，而羽与张飞为之御侮。先主为平原相，以羽、飞为别部司马，分统部曲。先主与二人寝则同床，恩若兄弟。而稠人广坐，侍立终日，随先主周旋，不避艰险。❷

此处所言指关羽依附刘备成为其部曲护卫，并与刘备、张飞二人结为兄弟，三人形影不离、患难与共。关羽终日陪伴在刘备身边，成为其左膀右臂，跟随刘备南征北战、不畏艰险。

关羽的忠，既包括对兄弟的忠诚，也包括对主公的忠心：

> 建安五年，曹公东征，先主奔袁绍。曹公禽羽以归，拜为偏将军，礼之甚厚。绍遣大将军颜良攻东郡太守刘延于白马，曹公使张辽及羽为先锋击之。羽望见良麾盖，策马刺良于万众之中，斩其首还，绍诸将莫能当者，遂解白马围。曹公即表封羽为汉寿亭侯。初，曹公壮羽为人，而察其心神无久留之意，谓张辽曰：'卿试以情问之。'既而辽以问羽，羽叹曰：'吾极知曹公待我厚，然吾受刘将军厚恩，誓以共死，不可背之。吾终不留，吾要当立效以报曹公乃去。'辽以羽言报曹公，曹公义之。及羽杀颜良，曹公知其必去，重加赏赐。羽尽封其所赐，拜书告辞，而奔先主于袁军。❸

此处讲述的是关羽身处曹营，不仅受曹操活命之恩，而且还得到曹操高级别的礼遇，因此在协助曹操对抗外敌时不顾生死、奋勇杀敌，替曹操解了白马之围，以报答曹操之恩情。曹操想留下他为其所用，却遭到关羽的拒绝，关羽放弃了恩赏、一心投奔刘备，这体现了关羽的有恩必报、仁义为先的高尚品格。

关羽的"勇"也在史书记载中有所体现：

> 羽尝为流矢所中，贯其左臂，后创虽愈，每至阴雨，骨常疼痛，医曰："矢镞有毒，毒入于骨，当破臂作创，刮骨去毒，然后此患乃除耳。"羽便伸臂令医劈之。时羽适请诸将饮食相对，臂血流离，盈于盘器，而羽割炙引酒，言笑

❶ （晋）陈寿撰：《三国志》卷三十六《蜀书·关张赵马黄列传》，北京：中华书局，1982年，第939页。

❷ （晋）陈寿撰：《三国志》卷三十六《蜀书·关张赵马黄列传》，北京：中华书局，1982年，第939页。

❸ （晋）陈寿撰：《三国志》卷三十六《蜀书·关张赵马黄列传》，北京：中华书局，1982年，第939—940页。

自若。❶

　　二十四年，先主为汉中王，拜羽为前将军，假节钺。是岁，羽率众攻曹仁于
樊。曹公遣于禁助仁。秋，大霖雨，汉水泛溢，禁所督七军皆没。禁降羽，羽又
斩将军庞德。梁、郏、陆浑群盗或遥受羽印号，为之支党，羽威震华夏。❷

两则史料分别描述了关羽刮骨疗毒和水淹七军的经典事迹。它们展现了关羽不惧
痛苦、骁勇善战的勇武形象。关羽所具备的品质得益于中华优秀传统文化的浸润，其
本人也因之成为承载中华传统美德的历史形象，长期被中国社会各阶层推崇。

关羽与当阳的不解之缘也值得发掘。三国时期的当阳属荆州南郡，镇守荆州的关
羽最终正是战死于当阳。关羽戎马一生，晚年却并未得到善终，其结局在《三国志》
中记载如下：

　　二十四年，先主为汉中王，拜羽为前将军，假节钺。是岁，羽率众攻曹仁于
樊。……权遣将逆击羽，斩羽及子平于临沮。❸

建安二十四年（219），在曹操和孙权的围攻下，关羽战败，最终在临沮被斩杀。
沮河、漳河源自荆山，在当阳汇聚成沮漳河，向南注入长江，临沮就在今日当阳附
近。关羽死后，"孙权以诸侯之礼葬之，此邦之人，相沿墓祭，岁以为常"❹。关羽所葬
之地被称作"关陵"，《当阳县志》对此的记载较为详细：

　　关陵为关羽陵墓，位于玉阳镇西北……原称大王冢，墓建于东汉末年，下葬
时间距今1700年。南宋淳熙十年（1183），襄阳太守王铢在墓前建祭亭。明成化
三年（1467），当阳知县王恕开始建庙于陵墓之前，建筑群体落成于明嘉靖十五
年（1536）。……始名关陵。❺

鬼神祭祀在中国古代社会十分普遍，于荆州地区尤为盛行。关羽忠、义、仁、勇
的事迹在当阳民间广泛流传，围绕其死后的种种灵异传说逐渐演变成关公信仰，从当
阳向全国各地传播开来。

玉泉寺对于关公信仰的发轫和传播产生了重要影响。传说，在玉泉寺创立之前，
关羽在脱离曹营的突围中陷入卞喜在镇国寺设下的圈套，幸得该寺僧人普净禅师暗中

---

❶　（晋）陈寿撰：《三国志》卷三十六《蜀书·关张赵马黄列传》，北京：中华书局，
　　1982年，第941页。
❷　（晋）陈寿撰：《三国志》卷三十六《蜀书·关张赵马黄列传》，北京：中华书局，
　　1982年，第941页。
❸　（晋）陈寿撰：《三国志》卷三十六《蜀书·关张赵马黄列传》，北京：中华书局，
　　1982年，第941页。
❹　（清）阮恩光、王柏心撰：《同治当阳县志　光绪当阳县志补续志》，载《中国地方
　　志集成·湖北府县志集》，南京：江苏古籍出版社，2013年，第90页。
❺　当阳市地方志编纂委员会编：《当阳县志》，北京：中国城市出版社，1992年，第718页。

相助才逃离险境，反败为胜。关羽与普净禅师为山西同乡，他将此次救命之恩铭记于心。此后，普净禅师收拾衣钵云游他处，最终落脚玉泉山，结茅修行。关羽在当阳临沮战死沙场，身体被埋在当阳关陵，其首级由曹操埋在洛阳关林。身首异处的关羽变成厉鬼游荡在玉泉山一带，后遇普净禅师点化，开悟后皈依佛门，从此驻守玉泉山护法。相传，刘备也在此修庙祭祀关羽。唐贞元十八年（802），董挺撰《重建玉泉关庙记》，文中记载如下：

> 玉泉寺覆船山东去当阳三十里，叠嶂回拥，飞泉逶迤，信荆人之净界，域中之绝景也。寺西北三百步有蜀将军都督荆州事关公遗庙存焉。将军姓关，名羽，河东解人，公族，功绩详于国史。先是陈光大中智顗至，自天台宴坐乔木之下，夜分忽与神遇，云：'愿舍此地为僧坊。'请师出，以观其用，手指期之，夕万壑震动，风号雷虢，前擘巨岭，下埋沉潭前劈巨岭，后埋澄潭，良材丛朴，周匝其上，轮奂之用，则无乏焉。❶

此篇文章表明，玉泉山关庙在唐贞元十八年（802）之前就已存在。玉泉寺西北原有关羽庙，陈隋年间智者大师来到此地，遇见了关公的神灵，并在其帮助下建成了玉泉寺，智者顗禅师大喜，将其收为弟子，从此关公被佛教列为护法伽蓝，在佛教寺庙供奉。

又南宋释志磐《佛祖统纪》载：

> （智顗）初至当阳，望沮津山色堆蓝，欲卜清溪以为道场，意嫌迫隘，遂上金龙。池北百余步有一大木，婆娑偃盖，中虚如庵，乃于其处跌坐入定。一日，天地晦冥，风雨号怒，妖怪殊形，倏忽千变，有巨蟒长十余丈，张口内向；阴魔列陈，炮矢如雨，经一七日，了无惧色，师问之曰："汝所为者，生死众业，贪著余福，不自悲悔。"言讫，象妖俱灭。其夕，云开月明，见二人威仪如王，长者美髯而发厚，少者冠帽而秀发，前致敬曰："予即关羽，汉末纷乱，九州瓜裂，曹操不仁，孙权自保。予义臣蜀汉，期复帝室，时事相违，有志不遂，死有余烈，故王此山。大德圣师，何枉神足？"师曰："欲于此地建立道场，以报生身之德耳。"神曰："愿哀闵我遇，特垂摄受。此去一舍，山如覆船，其土深厚，弟子当与子平，建寺化供，护持佛法，愿师安禅七日，以须其成。"师既出定，见漱潭千丈化为平，栋宇焕丽，巧夺人目，神运鬼工，其速若是。师领众入居，昼夜演法。一日，神白师曰："弟子今日获闻出世间法，愿洗心易念求受戒，永为菩提之本。"师即秉炉授以五戒，于是神之威德昭布千里，远近瞻祷，

---

❶ （清）李元才撰：《玉泉寺志》，扬州：广陵书社，2006年，第280-281页。

莫不肃敬。❶

此文所言亦为关公显圣玉泉山后智者大师为关王父子授戒的传说，从版本上看，形成于南宋的这篇文章实质是对唐人《重修玉泉关庙记》的修饰与改编。关公显圣玉泉山的故事使关公与智者大师之间产生了密切关联，并将玉泉寺的创建归功于关公的显圣。首次进入伽蓝殿的关公被尊为佛教的护法神，这标志着与之相关的关公信仰也被正式纳入佛教体系，从而奠定了关公信仰借助佛教远播全国的基础。

进入元代，在朝廷宗教自由政策的主导下，各教派地位平等，但佛教无疑是最受统治者推崇的宗教。该时期的各地佛教日益昌盛，寺庙数量不断增加，各色佛事活动的举办也蔚然成风，玉泉寺也不例外。元代的玉泉寺仍与统治者保持着紧密联系，并以此维持长久稳定的发展。玉泉寺的两件元代铁钟便是在这种时代背景下被铸成的。

至大元年铁钟铭文中提到了名为"藏山珍公"的长老，称其"开展旧规，崇构堂殿，作兴佛事"。《玉泉寺志》卷二《禅宗志》载："藏山禅师，字慧珍。宋末兵迭见，寺院荒残，师重开宏敞，复整旧规，每说法时，四众环绕。世祖敬异，赐号神应慈云大师。"❷宋朝末年，玉泉寺在战争中遭到破坏，玉泉寺住持藏山慧珍于元世祖至元十四年（1277）主持重新修葺玉泉寺，并恢复旧规、弘法传道，为元代玉泉寺的振兴和发展做出了重要贡献。

铭文中还出现了另一个重要人物——霞璧宣公。《玉泉寺志》卷二《禅宗志》载："霞璧禅师、字师瑄，继珍公之席，颇多创建。至大间，命僧宝镜造大钟一口，声闻数十里。每说法，辩如悬河。武宗尊仰，赐号广智静慧大师。"❸《玉泉寺志》卷一《事祀志》亦载："至大间，武宗宣霞璧禅师住寺兼赐紫衣。"❹霞璧禅师于至大年间继任藏山慧珍，担任玉泉寺住持，继续承担起振兴玉泉寺的重任。他在任住持期间创建颇多，至大元年铁钟正是他着手铸造的。钟铭记录了其铸造过程："惟旧钟无声，委提点比士宝镜远募潭湘、醴陵。鲁山巡检文工，率劝信人铸就，清圆而韵远，舟运而归，盖欲发人之深省也。"至大元年，玉泉寺的旧钟损坏无法发声，霞璧禅师因此决定铸造新的佛钟，便命寺僧宝镜到潭湘、醴陵两地进行募捐，随后由以"鲁山巡检文工"为主的一批工匠铸就了这口铁钟。铁钟铸成后即装船运回玉泉寺。结合钟铭记载的官职、姓名来看，当阳本地的官员、当阳及邻近地区的信众也为该钟的铸造提供了较大助力。

❶（宋）释志磐撰：《佛祖统纪校注》，上海：上海古籍出版社，2012年，第178—179页。
❷（清）李元才撰：《玉泉寺志》，扬州：广陵书社，2006年，第194页。
❸（清）李元才撰：《玉泉寺志》，扬州：广陵书社，2006年，第194页。
❹（清）李元才撰：《玉泉寺志》，扬州：广陵书社，2006年，第138页。

延祐七年铁钟的铭文中提到住持"钟山广铸",《玉泉寺志》卷二《护法志》记载："仁宗皇帝宣授钟山禅师为寺住持,并赐金杯甘露。"❶ 卷二《禅宗志》亦载："钟山禅师,字广铸,寺住持。禅藻蕴藉,名著缙绅,以前代所赐寺田公据勒之石,并移唐贤碑碣立本寺。皇庆间,捧镇山宝献于朝,仁宗宣赐金杯甘露,并赐佛光慧日普照永福大师之号。"❷ 卷一《事祀志》又载："皇庆元年,僧广铸以寿亭侯印及龙眉、龙角献于朝,敕旨护归。都城法侣咸赋诗饯送,倾动一时,遂纪其事于石。并以宋朝所赐寺田勒之碑阴。"❸ 钟山广铸由元仁宗宣授为玉泉寺住持,他把宋代赏赐的田地公据刻在石碑上,并将石碑移至玉泉寺。皇庆元年(1312),他进京拜见皇帝,并将寺中宝贝献给了朝廷,元仁宗赏赐了他金杯甘露,并赐予他"佛光慧日普照永福大师"的称号。当时都城的僧侣信众都赋诗为其饯行,引起了不小的轰动,于是钟山广铸便将这件事记录在石碑上。元代的玉泉寺颇受统治者重视,具有较大影响力。玉泉寺的住持钟山广铸更是在该时期积极地传法布道、大兴佛事。于是,延祐七年(1320),钟山广铸主持铸造了一口新的铁钟。据铭文"惟旧钟无声,遂远命袁州路萍乡州文华伯陶冶成就,清圆韵远,舟运而归,非唯发人之深省也"记载,铸造新钟的主要原因是旧钟损坏不能发声。新钟铸成之后,玉泉寺僧众同样用船将其运回了玉泉寺。延祐七年铁钟的铸造也得到了当地大批官僚人士、僧人信众的大力支持。

至大元年铁钟和延祐七年铁钟的钟铭证实了玉泉寺在其创建过程中对早已在当阳民间信仰中有一席之地的关公信仰的利用。玉泉佛寺借助关公在当阳百姓心中的地位来吸引信众,扩大影响力,获得本土民众的认可,最终达到传教弘法的目标。同时,钟铭也揭示了佛教与关公信仰持续不断的双向交流。因此,两件铁钟堪称佛教与关公民间信仰融合发展的实物见证。

玉泉寺在元代继续利用关公信仰扩大寺庙影响,通过铸钟这样的大事件宣扬关公在玉泉山显圣的故事,并在此基础上创造附会出了更多关公显灵的传说故事。《玉泉寺志》卷二《禅宗志》就记载了一则汉朝普净禅师与关羽的魂灵偶然相遇的故事:"普净禅师初住沂水间镇国寺,建安中结茅于玉泉山,一日,关公在半云半雾之间于庵前大呼道:'还吾头来。'师出定视之,见是关公,即云:'莫非五关大将颜良、文丑之头乎?'公豁然大悟。"❹ 事实上,普净禅师是否确有其人还有待考证,这段故事多半为后人编造,但已将关羽与佛门禅师联系在一起,这正是佛教利用关公信仰来提高自身传播力的表现。《玉泉寺志》卷一《营建志》亦记载了"隋朝时期,智者大师来

❶ (清)李元才撰:《玉泉寺志》,扬州:广陵书社,2006年,第227页。
❷ (清)李元才撰:《玉泉寺志》,扬州:广陵书社,2006年,第194-195页。
❸ (清)李元才撰:《玉泉寺志》,扬州:广陵书社,2006年,第138页。
❹ (清)李元才撰:《玉泉寺志》,扬州:广陵书社,2006年,第169页。

到玉泉山建立道场，后在关羽魂灵的帮助下建立了玉泉寺，并为关羽受戒，关羽因此成为智者大师的弟子"的故事："智者自天台归荆州，登南纪山，望沮、漳，山色堆蓝，紫云如盖。遂策杖孤征，欲赴清溪建道场，嫌地隘，步至金龙池，有大乔木，婆娑偃盖，如庵之状。师趺坐入定，见一人前致敬曰：'子即关某，死有余烈，故王此山。师何枉法足？'师曰：'欲于此地见道场。'而神曰：'此处一舍山，如覆船，其土深厚。弟子愿与子平建寺，愿安禅七日以须其成'。师既出定，见湫潭千丈化为平址，栋宇焕丽，巧夺人目。关公即受五戒，膜拜称弟子。事出神异，奏上，隋主敕赐玉泉寺额。"❶这同样是对"关公显圣玉泉山"的改编，佛教用文字记述相关传说，以期后人知晓，从而更加尊崇佛教。

在关公民间信仰被佛教反复利用的过程中，"关公显圣玉泉山"的故事广为流传，关羽与佛教的关系得到不断强化，佛教借助关公信仰在民间深深地扎根，并加速了自己发展壮大的进程。佛教对关公信仰的神化和利用反过来又巩固了关公信仰在民间信仰中的地位，推动了关公信仰的传播和发展。元代玉泉寺住持霞璧宣公和钟山广铸分别主持铸造了至大元年铁钟和延祐七年铁钟，将关公显圣于玉泉山的故事铭刻在了铁质的大钟上。这样一来，玉泉寺的两口元代铁钟便成为关公信仰的物质载体，由于铁钟的物理性质较为稳定，使得关公显灵的传说能得到更为长久的保存与流传，千百年来，凡是见过这两口钟的僧侣信众都能够知晓关公的传奇故事，加深对关公的崇拜与敬仰，时至今日，人们仍能通过铁钟上的铭文感受关公的神圣形象。明朝万历年间，当阳地方官在玉泉山东麓珍珠泉旁，立了一尊一丈有余的石望表，上书"汉云长显圣处"六个大字。石望表前方不远处，又有"最先显圣之地"石碑一尊。佛教旨在通过这些举动使"关公显圣玉泉山"的故事更有说服力，借此宣传佛教，与此同时也巩固了关公在民众心目中的地位，扩大了关公信仰的影响力。关公信仰由此逐渐突破地域限制，走向全国，走进千家万户。

自关公进入佛门之后，关公信仰便成为佛教体系中的一个重要组成部分。佛教寺庙中多设关帝殿或摆放关帝像供奉关公，并尊其为伽蓝菩萨，与韦驮菩萨同为佛教大护法，伽蓝菩萨为右护法，韦驮菩萨为左护法。这些存在于佛教寺庙中的关帝殿和关帝像是佛教与关公信仰融合发展的有力证明。由于佛教的大力推动，再加上统治者对关公的追捧和加封等原因，明朝时期对关公的崇拜达到高潮，供奉关公的庙宇几乎遍布全国各地，关公成为男女老少竞相信奉祭拜的对象，终年四季香火旺盛。清朝时，关公信仰已经完全超越了民族、阶级而成为全民上下的精神寄托，许多国人还走出国门，将关公信仰传播到世界各地，以至于日本、韩国、马来西亚、印度尼西亚、泰

---

❶ （清）李元才撰：《玉泉寺志》，扬州：广陵书社，2006年，第54—55页。

国、越南、缅甸、新加坡乃至欧美等国都有关帝庙的分布，关公因之被普遍信仰，逐渐从佛教的护法神变为了名扬四海、福泽四方的保护神。

综上所述，玉泉寺两口元代铁钟是目前发现的为数不多的保存较为完好的元代铁钟，它们的铭文都记述了玉泉寺的来历、元代修复的过程、铸钟的缘由以及经过等内容，还记录有当时玉泉寺的僧侣信众、当地官员、铸钟工匠等参与铸钟人员的姓名，是研究当时政治、经济、文化的珍贵史料。历史人物关羽是活跃于三国时期的一位忠义仁勇的武将，晚年战死在当阳，被当阳地区的老百姓尊奉为神祇，发展成为民众基础深厚的民间信仰。

佛教对民间关公信仰的利用肇始于当阳玉泉寺，在玉泉寺创建之初，积极构建与关公信仰之间的联系，创造了许多关公显圣玉泉寺的传说故事，借此推动佛教在当阳地区的传播。在之后佛教不断发展壮大的过程中，关公信仰也仍被继续利用，这种利用又反过来夯实和推动了民间关公信仰的传播和发展。玉泉寺元代铁钟的铭文关于关公显圣玉泉山的故事，正是佛教利用民间的关公信仰来弘扬佛法的有力证明，铁钟作为关公信仰民间传承的重要载体，在关公信仰的形成、发展和传播过程中发挥了十分重要的推动作用，是佛教与关公民间信仰融合发展的重要历史见证。

（作者：李书蓓 **❶**）

❶ 李书蓓，女，2015 年 9 月至 2019 年 6 月于中南民族大学民族学与社会学学院文物与博物馆专业攻读学士学位，2019 年 9 月至 2021 年 6 月就读于中央民族大学民族学与社会学学院文物与博物馆专业，攻读硕士学位，2023 年起就职于江西省博物馆。

湖北地区元代寺观古钟管窥

　　寺观古钟是中国珍贵的文物资源，属佛教寺庙和道教宫观等处的宗教文物，其铸造和使用不仅反映了宗教兴衰的历史，也反映民间社会的信仰传播、经济发展、工匠技术以及政府管理等多方面信息，是集历史、艺术、科学三方面价值于一体的实物载体，具有十分重要的研究价值。湖北地区历史悠久，文化璀璨，至今已发现五件元代寺观钟遗存。本文拟从形制、铭文、纹饰三个角度分析湖北地区元代寺观古钟，探寻湖北地区元代寺观古钟的时代特征，并尝试进一步解读湖北地区元代寺观钟所体现的历史文化信息，以期丰富元代寺观古钟的区域性综合研究，为夯实全国寺观古钟的整体研究添砖加瓦。

　　元朝是由蒙古人建立起来的多民族统一国家，是中华文化大交融时期。元朝统治者在宗教方面实行"兼容并蓄，广事利用"的政策，对佛、道、儒等宗教都大力支持，在经济上慷慨资助、广建寺观。钟以铜、铁金属铸就，物理性质相对其他材质更加稳定，能够长久地保存与流传，是铭记佛寺宫观重要事件和发展历程的首选之器。在湖北地区寺观古钟调研过程中共发现 5 件元代寺观钟，分别为当阳玉泉寺至大元年铁钟（见图版）、荆州开元观至大二年铜钟（见图版）、当阳玉泉寺延祐七年铁钟（见图版）、襄阳广德寺泰定三年铁钟（见图版）、荆州铁女寺至正六年铁钟（见图版）。5 件元代寺观古钟既包括佛寺钟也有道家钟，造型规整，纹饰和铭文较为清晰，质量上乘，除了当阳玉泉寺的两件钟纽残损之外，其余保存较为完好。

一、湖北地区元代寺观古钟的形制特点

　　寺观古钟有其自身独特的结构组成，各历史时期也有不同的时代风貌。南北朝时期寺观古钟的形制已经成熟定型，如日本奈良国立历史博物院藏中国南朝陈太建七年铜钟，由二龙戏珠造型的钟纽和正圆筒形的钟体组成。唐代寺观古钟存世不超过30件，总体看钟纽较小、钟体硕大，且唐代寺观钟呈现南北地域的不同特点，形成"北方型"和"南方型"。"北方型"在长江以北，以黄河流域为中心的北方地区，唐代寺

观古钟的底部口沿为波弧形，且钟体表面装饰风格鲜明，题材有飞天、天王、小鬼等宗教人物形象，还有龙、虎、狮、鹤等动物形象，也有乳丁、卷草等装饰元素。"南方型"在长江以南的南方地区，是唐代寺观古钟另一种区域性形制面貌，钟体表面以纵横的凸弦纹划分成规整的方形区域（为方便表述，统称为"方区"），且底部口沿平直，装饰简约素雅，凸线和莲花瓣是其主要装饰。南北两型的形制特征持续影响唐代之后的寺观古钟铸造。宋代寺观古钟存世数量略多于唐代，出现大量铁钟，北方型古钟吸取南方型的"方区"，钟纽有所增大，蒲牢造型更加形象生动，底口的波弧形口部外壁出现带状台地，如北京大钟寺古钟博物馆收藏的北宋熙宁十年铜钟。金代寺观古钟亦以铁钟为多，方区划分数量多寡不一，且上下对称性减弱。辽代寺观古钟数量较少，河北涞源县阁院寺和沈阳存有遗物。

元代寺观古钟在全国存世也不多，湖北地区所发现的五件元代寺观钟都位居长江以北地区，形制均为"北方型"，钟纽高耸，龙体匀称，钟顶略平，钟肩一周莲花瓣，钟体为长筒形，下部微敞，表面有规整的方区划分，除了腹部对称分布八个较大的方区之外，撞座以下的钟裙部位也有四个细长的小方区分布钟体四周，有凸线条组成的纵带和横带相交于钟体下部，撞座位于纵横带相交之处，钟口均为八耳波弧状，且弧度较深。

二、湖北地区元代寺观钟的纹饰特点

元代寺观钟的装饰特点为多用袈裟纹辅以不同样式的植物纹饰，纹饰多以卷草纹、花朵状乳钉纹、莲花纹、缠枝牡丹花纹等种类的植物纹样，整体风格素雅质朴，大气端庄。

湖北地区所发现的元代寺观钟采用的是袈裟纹辅以不同样式的植物纹饰，在内容题材和雕刻风格上有着自己的特色。从内容题材上看，以植物纹为特色的湖北地区元代寺观钟与唐代寺观钟的装饰特点有很大区别。湖北地区元代寺观钟上的纹饰多为不同形态的莲花纹，而唐代寺观钟钟体上装饰纹样一般为飞天的人物形象和代表祥瑞的动物。❶从雕刻风格上看，不同形态的莲花具有极强的写实风格，与印度佛教中的莲花纹的风格不一致。湖北地区元代寺观钟的样式为双瓣覆莲（图1）和整朵盛开的莲花，瓣尖微翘，具有立体感。每个莲瓣之间无纹饰点缀或有不同的纹饰点缀，莲瓣间的点缀纹饰主要有花蕊纹（图1）和联珠纹（图2）两种样式。此外，荆州铁女寺至

---

❶ 李阳：《唐代梵钟的初步研究——以形制与纹饰为中心》，《常州文博论丛（第2辑）》，北京：文物出版社，2016年。

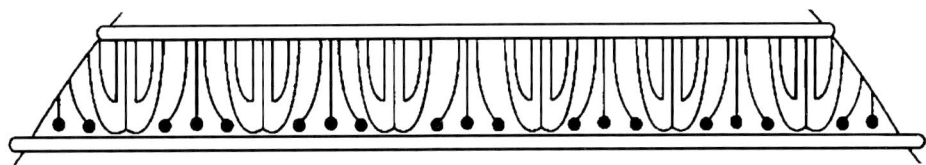

图2　当阳玉泉寺延祐七年铁钟钟肩处的双莲瓣纹饰带

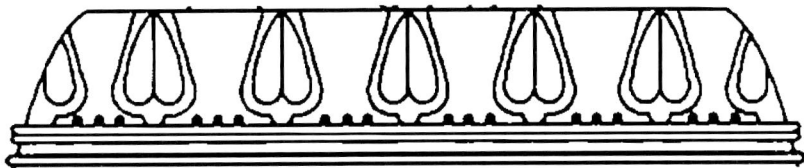

图2　荆州铁女寺至正六年铁钟钟肩处的联珠纹

图3　荆州铁女寺至正六年铁钟篆
刻铸写吉祥语位置的莲花纹

正六年铁钟篆刻铸写吉祥语的位置也有莲花纹（图3），其样式为一整朵盛开的莲花。湖北地区所发现的5件元代寺观钟的莲花纹形态与佛教中莲花的形态大不相同，所呈现出来的风格也相异。佛教中莲花纹饰的样式主要有圆形莲花（图4）、方形莲花（图5）、满瓶莲花，还往往将莲花的茎蔓处理成波浪状（图6），并在波形骨架上扩散和蔓延出荷叶、盛开的莲花和花蕾❶，整体呈现出一种繁丽写实的风格，而湖北地区元代寺观钟所饰的莲花纹都具有写实风格，蕴含汉代遗风，呈现出一种古朴雅致的特点，这也与中国传统文化中莲花的含义相符。

莲花纹是中国的传统纹饰之一，象征着净土，是许多文人雅士的精神寄托。莲花纹的原型是荷花，又名芙蕖或芙蓉，常与具有吉祥寓意的图案组合形成新纹样，具有纳福之意。莲花具有出淤泥而不染、花茎直面中空等特点，不仅象征着佛教中万事皆空的意念，还代表着不受污染的清净世界，同时也是"清心寡欲、超凡脱俗、心无染尘"的代名词，象征着"自性清净"。❷湖北地区所发现的这五件元代寺观钟莲花纹的造型生动地描绘出莲花的自然形态，凸显了莲花的高洁之感。这五件元代寺观钟莲瓣宽肥，瓣尖末端为尖形，整体形象饱满

❶　张晶：《早期印度佛教植物装饰源流与传播研究——以莲花纹和忍冬纹为例》，《创意设计》2018年第1期，第17页。

❷　张晶：《早期印度佛教植物装饰源流与传播研究——以莲花纹和忍冬纹为例》，《创意设计》2018年第1期，第17页。

图 4　桑奇三塔中的圆形莲花 ❶

图 5　阿玛拉瓦蒂塔柱上的方形莲花 ❷

图 6　巴尔胡特如意蔓 ❸

❶　张晶:《早期印度佛教植物装饰源流与传播研究——以莲花纹和忍冬纹为例》,《创意设计》2018 年第 1 期,第 17 页。

❷　张晶:《早期印度佛教植物装饰源流与传播研究——以莲花纹和忍冬纹为例》,《创意设计》2018 年第 1 期,第 17 页。

❸　张晶:《早期印度佛教植物装饰源流与传播研究——以莲花纹和忍冬纹为例》,《创意设计》2018 年第 1 期,第 17 页。

且具有立体感，并以连续排列的手法组合莲瓣，中间辅以花蕊纹、联珠纹等简单的纹饰，整体简单大方，将莲花的圣洁与寺观钟的庄严古朴突显得淋漓尽致，具有独特的美感。

三、湖北地区元代寺观钟的历史内涵

元朝统治者对待文化的态度很宽容，在宗教信仰方面实行"兼容并蓄，广事利用"的政策，对佛、道、儒等宗教都大力支持。湖北地区的大部分区域在元代隶属于荆湖行省，境内寺庙道观数量多达50多所，其中以襄阳、荆州两地的寺庙道观最为集中。在湖北地区发现的五件元代寺观钟既有佛钟也有道钟，钟体上均有铭文，铭文保存完整，内容多为铸钟缘由、铸钟人员姓名和捐资者姓名，反映出元朝时期湖北地区佛教、道教以及关羽信仰等历史文化方面的情况。

（一）湖北地区元代寺观钟遗存所反映的佛教信仰

佛教发源于印度，至元朝时期遭受战火洗礼而有所衰微，但由于元朝统治者的推崇，其影响力在全国范围内得到增强。

在湖北地区所发现的五件元代寺观钟中有四件都是位于佛寺内，其钟体上的铭文记载了许多佛教信徒的名称，足以看出元代湖北地区佛教信仰之盛。铭文所反映的主要是湖北天台宗、禅宗与白莲教的发展情况。

至大元年和延祐七年两件寺观钟上的铭文记录了玉泉寺开创和发展的历程，反映了元代湖北地区天台宗的发展情况。据铭文记载，玉泉寺是隋朝智者大师在关公的帮助下所创立的，是智者大师最后圆寂之地。之后，在藏山禅师、霞璧禅师和钟山禅师等历代住持的努力之下不断发展，成为元代重要的佛教道场。

玉泉寺的开创者是智者大师，他是天台山宗祖庭之一。智者大师在开创玉泉寺后，在此宣扬天台宗的核心思想，其中的圆顿思想深刻影响了之后禅宗的发展。之后，北宗神秀大师也曾在玉泉寺讲学，这进一步扩大了玉泉寺的影响，使之成为引人注目的佛教道场。元朝时期，皇帝十分看重玉泉寺，御赐玉泉寺的多位天台宗大师封号。藏山禅师因主持重建玉泉寺有功，被元世祖忽必烈赐号"神应慈云大师"；霞璧禅师因在主持玉泉寺期间颇多创建，被元武宗赐号"广智静慧大师"，兼赐紫衣；钟山禅师因"禅藻蕴藉，名著缙绅"❶，"捧镇山宝献于朝"❷，被元仁宗赐予"佛光慧日普

---

❶ （清）李元才续修，释亮山补辑：《玉泉寺志》卷二《禅宗志》，扬州：广陵书社，2006年，第194—195页。

❷ （清）李元才续修，释亮山补辑：《玉泉寺志》卷二《禅宗志》，扬州：广陵书社，2006年，第194—195页。

照永福大师之号"❶并赏赐"金杯甘露"❷。

在湖北地区发现的襄阳广德寺泰定三年铁钟，反映了元代湖北佛教禅宗道场发展的历史与元代佛教的巨大影响力。泰定三年铁钟奉养于广德寺。广德寺原名为宝岩禅寺，位于襄州万铜山，由隋炀帝的公主创建于隋大业年间。元代，襄州万铜山是曹洞宗和沩仰宗两宗传人在湖北地区所开辟的一系列佛教禅宗道场之一，广德寺是襄州万铜山上所开辟的佛教禅宗道场之一，其建造历史可以追溯到唐朝。

唐广德年间，"寺僧守义禅师革律建立，为第一代住山传灯"❸，后有广德义和禅师在广德宝岩禅寺中开辟了广德禅宗道场，广德义和禅师是曹洞宗传人，为第一代广德禅师，广德延禅师为第二代广德禅师，广德周禅师为第三代广德禅师❹。后广德宝岩禅寺因兵祸遭到破坏，泰定三年铁钟在元末乱世时被运出。

根据泰定三年铁钟的铭文可以看出，元朝后期佛教在民间强大的影响力。元朝后期，土地兼并、贫富差距、通货膨胀日益加剧等严重的社会危机导致农民起义频发，逐渐演变为元末农民大起义。在这样的背景之下，佛被人们当成救世主。

泰定三年铁钟的铭文中提到了许多捐资者，这些人多为元朝政府的官职人员，有汉人也有蒙古人，职位多为级别不同的襄阳路管理者。这表明，佛教在汉、蒙等民族群体中都具有一定影响力，已成为地方管理者推崇的宗教信仰。地方官员出资捐助寺观钟，并在钟体上刻有"风调雨顺、海晏河清、天下太平、民安国泰"的字样，体现了地方管理者希望佛祖能够保佑元朝的统治能够天长地久的心理，侧面反映出地方管理者对危机重重的元末的绝望。此外，铭文中还提到"白莲宗主荆湖北道都僧录"一人。"白莲宗主荆湖北道都僧录"是白莲教荆湖北道分舵的宗主，也是泰定三年铁钟的捐资者之一，说明此时白莲教的教徒也信奉佛教。由此可见，在严重的社会危机下，佛教在很大程度上满足了人民的需要，已经深入人心。就连一些元末农民起义也大多打着"佛"号揭幕，如泰定二年（1325），河南息州赵丑斯、郭菩萨提出"弥勒佛当有天下"的口号；顺帝至元三年（1337），广东朱光卿、聂秀卿高呼"定光佛出世"等等。连一度被元朝统治者所禁止的白莲教也成为维系起义的宗教信仰。

（二）湖北地区元代寺观钟所反映的道教信仰

元代，道教在统治者夺取政权的过程助其造势，对宣扬蒙古政权的权威性起到了

---

❶（清）李元才续修，释亮山补辑：《玉泉寺志》卷二《禅宗志》，扬州：广陵书社，2006年，第194-195页。

❷（清）李元才续修，释亮山补辑：《玉泉寺志》卷二《禅宗志》，扬州：广陵书社，2006年，第194-195页。

❸ 上海古籍书店编：《天顺襄阳郡志 2》，上海：上海古籍书店，1964年，第54页。

❹ 齐子通：《湖北佛教史》，北京：宗教文化出版社，2018年，第135页。

重要作用。因此，道教深受蒙古统治者崇奉，因之获得很大发展，产生了深刻而广泛的社会影响。

开元观所发现的至大二年铜钟原供奉于寿圣院，主持铸造此钟者为寿圣院前住持比万暹。钟体上刻有"神霄王府除邪护正赵大元帅，主盟修造化供敕赐忠烈侯王"和四大天王名称的铭文，反映出元代时期的道教信仰和佛道思潮相融合的趋势。铭文中所提到的"神霄"二字出自道教的分支流派神霄派。该派是道教的流派之一，形成于北宋末年，以神霄玉清真王、青华帝君为宗师，以雷法、符箓、内炼为主要道术❶，主要流行于荆襄、江汉等地之间。"神霄"之名，来源于《灵宝无量度人上品妙经》，代表着道教神仙所居的最高仙境❷。"赵大元帅"是道教尊崇的大神之一赵公明。在神霄派中，赵公明更多以天将的身份出现，或称元帅，或称将军，或称真君和使者❸。赵公明乃赵氏先祖，最早出现在《左传》中，其原初形象为厉鬼："厉，鬼也。赵氏之先祖也。八年，晋侯杀赵同、赵括，故怒。"❹赵氏的祖先赵公明因晋景公杀赵同和赵括，变成厉鬼来索命。宋代以后，以雷法为主要道术的神霄派兴起，推动了雷法中召役的元帅神体系的蓬勃发展，赵公明被视为元帅神："元帅姓赵，讳公明，中南人……功行圆成，奉玉帝旨，召为神霄副帅……太华西台其府乃元帅之主掌……元帅上奉天门之令，策役三界，巡察五方，提点九州，为直殿大将军，为北极侍御史。"❺铭文中提到赵大元帅被赐封为"忠烈侯王"，说明元代时期，赵大元帅的形象已经由瘟鬼变为守护一方平安的武神，且神格也在上升，由将军升为诸侯王。

此外，铭文中还镌刻了佛寺的守护神"四大天王"，分别是护法多闻天王、护法广目天王、护法持国天王和护法增长天王，这四位天王是佛教二十诸天中的四位天神，被视作佛教大千世界的护法神，又称护世四大天王。寿圣院前主持比万暹选择道教体系中的赵大元帅和佛教体系中的四大天王作为守护神，反映出赵大元帅和四大天王在民间具有一定的影响力，是守护一方平安的神灵，能够保佑信徒一生平安顺遂，天下风调雨顺，也体现出此时佛道信仰的融合趋势。

（三）湖北地区元代寺观钟所反映的关公信仰

有元一代，关公信仰已经遍布全国，在民间极具影响力，以荆楚等关羽生前活跃

---

❶ 唐代剑：《论林灵素创立神霄派》，《世界宗教研究》1996年第2期。

❷ 天津古籍出版社编：《道藏》第二十九册《火师遗训》，天津：天津古籍出版社，1988年，第274页。

❸ 聂晓：《赵公明形象转变研究》，上海大学2019年硕士学位论文，第42页。

❹（春秋）左丘明撰，（晋）杜预注，（唐）孔颖达疏：《春秋左传正义》，上海：上海古籍出版社，1997年，第1906页。

❺ 佚名撰：《绘图三教源流搜神大全（外二种）》，上海：上海古籍出版社，2012年，第563页。

的地区尤为兴盛。

在当阳玉泉寺发现的至大元年铁钟和延祐七年铁钟两件铁钟，钟体上有关于"关公显圣玉泉寺"的记载，反映出元代当阳地区民间关公信仰与佛教相融合的趋势。相关的铭文为：

> 佛陇而龛护，惟谨开公云长，生为忠臣，没封王神，庙食兹山，感师之德，以威力夜挟霆雨，撼摇山陇，撖龛钥，移定身而归瘗玉泉，异哉，公以宿愿力而护法，如长城宜壮节，猛烈雄伟，卓之千古，垂之国史，而英风不泯也。

铭文详细记述了关公运用神力帮助玉泉寺建立的事迹，赞扬了关公高风亮节的英雄气概。

"关公显圣玉泉寺"的故事在《玉泉寺志·营建志》《关帝志·灵异》等文献中都有记载，这些记载与寺观钟上的记载内容大致相同，在"关公显圣玉泉山"后，玉泉寺的创立者智者大师为关公父子度化，将关羽信仰纳入佛教体系。智者大师选择将关羽信仰纳入佛教体系与当阳百姓对待关公信仰的态度有关。

从"关公显圣玉泉寺"的记载中可以看出，当阳百姓对关羽高尚品格、强大力量的赞扬与崇敬。当阳民间还流传着许多关公显圣当阳的传说，如关公骑着赤兔马在空中巡查、驱赶石牛、保护庄稼等显圣护民的传说。[1] 但最初当阳百姓对待关公的态度并非如此。最初，当阳地区祭祀关羽的百姓们把关羽当成"厉鬼"来祭祀。据隋代玉泉寺灌顶记载："其地本来荒险，神兽蛇暴，谅云，三毒之蔽，践者寒心……是春夏旱，百姓咸谓神怒。"[2] 百姓们认为当年春夏大旱，是因为关公神灵发怒而致。随着时间的流逝，"关羽怨怒而死已被荆州人淡忘，而其勇武、忠义的高大形象逐渐植根于荆州民间信仰之中，其厉气亦随之消失，成为平乱驱害、保护一方的善神"[3]。

综上，关羽信仰是当阳地区极具影响力的民间信仰，智者大师选择强化这样一种民间信仰与外来宗教佛教的联系，不仅可以帮助佛教在当阳玉泉山扎根，还推动了关公的神化，为关公信仰传播至全国打下基础。自关公第一次在玉泉山显圣传说出现后，乡人深感其德，就集资在玉泉山麓修建了历史上最早的一座关庙——显烈祠，俗称"小关庙"。自唐代之后，当阳民间祀奉关公的现象就开始蓬勃出现，关公像开始出现在了一些民家的神龛上，墓祭也随之出现。[4]

---

[1] 于雅菲：《论当阳关公信仰的功能变迁》，华中师范大学 2014 年硕士学位论文，第 11 页。

[2] 于雅菲：《论当阳关公信仰的功能变迁》，华中师范大学 2014 年硕士学位论文，第 1 页。

[3] 蔡东洲，文廷海：《关羽崇拜研究》，成都：巴蜀书社，2001 年，第 55 页。

[4] 于雅菲：《论当阳关公信仰的功能变迁》，华中师范大学 2014 年硕士学位论文，第 11 页。

随着当阳地区民众对关羽的崇拜愈演愈烈，民间修建的关羽祠庙达到一定数量，自发组织的祭祀活动次数也逐渐增多。元朝时期，当阳的关庙数量曾一度达到 17000余座。[1] 关羽祠庙数量增多的同时，民间自发组织的祭祀关羽的活动时间点也在增多。最初，民众将关羽视为"厉鬼"，只在清明节进行祭祀；后来，关羽被视为当地保护神，祭祀关羽的时间节点也随之增多。据乾隆五十九年版《当阳县志》记载，民间祭祀关羽的时间节点有：除夕至元宵期间、清明节、农历四月初八（相传为关羽封爵日）、农历五月十三（相传为关羽生日）、端午节、中秋节、农历九月十三（相传为关羽升天日）等日子。当阳关陵官方祭祀开始于明成化三年，祭祀时间为"每岁春秋仲月及五月十三日"[2]。

结语

湖北地区元代寺观钟具有独特的时代特征和历史文化内涵。从形制上看，湖北地区所发现五件元代寺观钟整体形状呈圆筒状，钟口均为八耳波状，部分寺观钟钟腰处略鼓、钟裙部分外侈。钟腰部分略鼓是吸收了唐代北方类型寺观钟的特点而来的，而钟裙外侈则是寺观钟发展到元代演变出的新特点，被明代寺观钟所继承。从纹饰上看，湖北地区所发现的五件元代寺观钟通体饰有袈裟纹与莲花纹，颇具写实风格，清雅古朴，与中国传统文化中莲花圣洁的文化内涵相吻合。从铭文上看，湖北地区这五件元代寺观钟钟体上的铭文记载了铸钟缘由、参与铸钟人员的姓名和铸钟时间等信息，反映出湖北地区元代佛教、道教和民间关羽信仰的发展情况。综上所述，湖北地区五件元代寺观古钟是研究元代时期湖北地区政治和文化的珍贵史料，是具有重要价值的文物。

（作者：雷欣畅[3]）

---

[1] 张之涵：《湖北当阳地区关公信仰及其仪式的演变》，云南民族大学 2020 年硕士学位论文，第 28 页。

[2] 于雅菲：《论当阳关公信仰的功能变迁》，华中师范大学 2014 年硕士学位论文，第12 页。

[3] 雷欣畅，山西平遥人，2021 年 9 月至 2023 年 6 月在中南民族大学民族学与社会学学院文博博物馆学专业攻读硕士学位。

恩施州博物馆藏麻寮所永宁寺铜钟考

恩施州博物馆藏永宁寺铜钟于 1976 年 5 月在鹤峰县征集，铭文"湖广都司麻寮所鼓震山永宁寺"表明铜钟为永宁寺旧物。关于永宁寺的具体位置有三种说法：其一是认为永宁寺曾存于所坪村今所坪小学附近，遗址现已不存，已改为民居；其二是认为永宁寺曾存于所坪村二台山，在 20 世纪初仍旧残存房基、瓦片等遗物，现已不存；其三是认为永宁寺位于云阳寨对面的鼓楼山之巅，现已不存。钟纽的龙体细瘦、四肢短小、钟体呈喇叭形，表面没有划分方区，没有波弧形钟耳，钟口平直，形制特征属于南方平口型。铭文字数较多，内容丰富，除了祝颂语"皇图巩固，帝道遐昌，法轮常转，佛日增辉、风调雨顺、国泰民安"之外，还包括主持铜钟铸造的湖广都司麻寮所鼓震山永宁寺僧人明魁、铸造缘由、铸造时间、参与出资的人员以及他们的愿望等。

铜钟由湖广九溪卫麻寮所唐明德于明正德九年（1514）五月端阳铸造，由于唐明德及其家眷的参与，使该钟与鄂西明代土司密切相关。唐明德，字道中，是明代湖广九溪卫麻寮所清军厅第六任土官副千户，出身土司家族。其先祖唐国政曾驻扎于鹤峰县五里坪大岩洞内，后创立衙署，名曰南府（今五里乡南村村，遗址尚存），活动范围包括今鹤峰县东南部和五峰县湾潭一带。后因容美土司的前身容米部落掠夺进逼而退守六峰坪。据《元史》卷二十三载："（元至大三年）容米洞田墨连结诸蛮攻劫麻寮等寨，方调兵讨捕，遣千户塔珠往谕，田墨施什用等来降，宜立黄沙寨，以田墨施什用为千户。"《资治通鉴后编》卷一百六十七记载："夔路容米洞蛮田先什用等九洞为冠四川行省遣使谕降五洞余发兵捕之。"《钦定续通志》卷六十三亦有记载："夏四月己酉，容米洞官田墨纠众为乱，遣永顺安抚副使梓材往招之。"至正十六年（1356），唐国政因征苗有功而受封宣抚使，后由其子世袭其职，于至正二十六年（1366）改为麻寮长官司。《明太祖实录》卷二十二有记载："（元顺帝至正二十七年）改容美洞等处军民宣抚司为黄沙、靖安、麻寮等处军民宣抚司，以田光宝掌司事，并立太平、台宜、麻寮等十寨长官司。明洪武二年，丞相徐达屯兵三江口，唐涌归附，赐铁券，改为麻寮千户所。初隶常德卫，洪武二十三年改隶九溪卫。"❶据此可知，麻寮所在很长一段时间内都受到容米部落的影响，并在后期受到容美土司的控制。

鄂西地区自古就是中华民族生活的重要区域。公元前316年，秦国战胜巴人，设巴郡，从此鄂西地区被纳入秦国的统治范围内。公元前227年，秦国伐楚，"取巫郡及江南为黔中郡"，以此来加强对鄂西地区的统治。西汉时期，中央政府改秦时的"黔中郡"为"武陵郡"。东汉时期，巴人多次造反，统治者以加封王号、设置官员等措施来进行安抚和统治，逐渐形成了成熟的郡县制度。三国两晋南北朝时期，中原战乱，中央集权被削弱，对鄂西地区的控制也逐渐变弱，统治者以赏赐、加爵等手段来加强对该地区的统治。唐代，中央对鄂西地区的统治发生了很大变化，除了通过招抚地方首领达到"以蛮治蛮"的目的以外，还更变机构设置，改郡县制为州县制，强化对本地区的直接管理。"唐初，溪峒蛮归顺者，世授刺史，置羁縻州县，隶于都督府，为授世职之始。宋参唐制……其酋皆世袭。"❷两宋时期，中央朝廷通过控制少数民族首领来达到控制少数民族民众的目的，沿用羁縻之法，一律实行世袭，并用政令把世袭固定下来。秦汉以来的羁縻政策，其核心理念在于牵制与束缚边疆少数民族，相对而言较为宽松，只是稍加管束与笼络。元王朝总结前代控制西南少数民族首领的经验，以宣慰使、宣抚使、安抚使、招讨使、千户、百户等官职封予各少数民族首领，并在各少数民族聚居的府、州、县设立土官，逐渐形成土司制度。《明史·土司志序》记载元代"蒙夷参治之法，而官有流土之分，于是始有土司之名"❸。元朝中央政府在鄂西设置了施州管辖清江和建始，境内又设许多大小等级不一的土司，如施南宣慰司、容美宣抚司等。明代土司制度更加完备，朝廷明确了土司制度在国家政权体系中的地位，鄂西地区的土司实力也不断增强。明成祖于永乐二至五年（1404～1407）先后在鄂西地区恢复设立了大小19个土司衙门。清代延续明代土司制度，在鄂西设有容美宣慰司；施南、散毛、忠建、忠洞、忠路5个宣抚司；大旺、东乡、忠孝、高罗、木册、金洞、腊壁、东流、唐崖、龙潭、沙溪11个安抚司；卯洞、漫水、五峰石宝、石梁下洞、椒山玛瑙、水浕源通塔坪6个长官司❹。直到雍正四年（1726），鄂尔泰上疏："欲安民必先治夷，欲治夷必先改流。"此奏疏得到朝廷批准。自此，清政府在明代边政的基础上，开始于全国范围内进行大规模的改土归流。从羁縻制度到土司制度

---

❶ 孟凡松：《卫所沿革与明清时期澧州地区地方行政制度变迁——以九溪、永定二卫及其属所为中心》，《历史地理》2008年第1期，第53～64页。

❷ 参考清同治五年何选鉴、张钧编纂《来凤县志》抄本。

❸ 吴永章：《中国土司制度渊源与发展史》，成都：四川民族出版社，1988年，第129页。

❹ 赵国威：《明清时期鄂西土家族与中央政府关系研究》，湖北民族学院2017年硕士学位论文，第16页。

的转变，反映了大一统背景下中央和地方关系逐渐紧密，既反映了中央管辖体系的日益完备，也体现了地方民众的国家认同和主动融入。这两项制度对于多民族统一国家的形成影响极大，既巩固了国家的统一，也让地方的政治、经济和文化水平日益发展。

容美土司地处"楚之南徼"，古称"拓溪"和"容米"，后又称"容阳"。《世述录》所载容美土司统治疆域如下："东南四百里，至麻寮所界。东北五百里，至石梁、五峰等司连添坪、长阳、渔洋关界。北六百里，至桃符口清江河边巴东县界，其清江以外，插入县志者，军陆不与焉，以军阵隶司而粮县也。上自景阳、大里、建始县界，纵横又连施州卫界。西北三百里大荒连东乡里。西三百里，自奇峰关至忠峒、桑植界。西南四百里，自朱家关至林溪连山羊隘界。南三百里，自石柱泉下知州连九女隘界，外有插入慈利县、长阳、宜都等县田地与县民一例当差者，不与焉。"[1] 容美土司辖区地理范围广大，不仅包括恩施州的鹤峰全境、建始的南部、巴东的南部以及今宜昌市的长阳、五峰两个土家族自治县的部分地区，还包括湖南桑植、慈利等部分地区。

容美土司的统治直到唐代才有文字记载。唐元和元年（806），"田行皋从高崇文讨平刘辟，授施、溱、溶、万招讨把截使，后又加封兵部尚书金紫光禄大夫、施州刺史，仍知施、溱、溶、万四川诸军事"[2]。容美土司为田氏世袭统治，自田行皋开始，依次有田思政、田崇钊、田伯鲸、田乾宗、田光宝、田胜贵、田朝美、田宝富、田镇、田秀、田世爵、田九霄、田九龙、田楚产、田元、田霈霖、田既霖、田甘霖、田顺年、田旻如等20位统治者，直到田旻如在清代改土归流后投缳自缢，容美土司的统治才正式宣告结束。

容美土司的外交主要依靠订约结盟、联姻和亲等手段，使其所处社会环境基本保持较为稳定的状态。其间虽然偶有摩擦，但为数不多，上述做法使得容美与诸邻司得以和谐相处，加上容美土司势力的日益强大，其在周边地区逐渐取得了"领袖"地位。容美土司的经济以农业经济为主，兼有采集、狩猎活动。从明嘉靖元年（1522）田世爵袭职起，至清顺治三年（公元1646）容美土司达到鼎盛时期为止的百余年间，汉语、汉文化在容美土司的统治区域得到推广和普及，儒、释、道各家学说广泛传播，祖先崇拜、自然崇拜、图腾崇拜、巫傩、佛教、道教、关公等多种信仰亦流行民间。麻寮千户所永宁寺铜钟正是容美土司佛教文化在该时期蓬勃发展的重要实物见证，也是当

---

[1]　葛政委：《多维视野下的容美土司国家认同内涵研究》，《中南民族大学学报（人文社会科学版）》2017年第5期。

[2]　中共鹤峰县委统战部：《容美土司史料汇编》，1984年。

地土司爱好和平、睦邻友好的历史见证。

麻寮千户所铜钟铭文内容由三部分组成：

第一部分为"法轮常转、佛日增辉、黄图巩固、帝道遐昌"，这四句是框字、一般是寺观钟铭的祈愿语，它被作为铭文分割处，竖行固定，多有框。钟打击点下方的"风调雨顺、国泰民安"也可划入该部分，它们都是佛钟上常见的文字。"风调雨顺、国泰民安"是对佛教和皇帝的赞美推崇，也是铸钟人对国家安定、人民安康的政治诉求。

第二部分自"湖广都司麻察所鼓震山永宁寺侍佛"至"造斯为记遐迩"，记述铸钟的基本情况。现将其意译如下：

> 在湖光都司麻察所的鼓震山永宁寺侍奉佛，铸造大钟。以后世子孙中的出家人唐明魁来牵头。谨一同出资，为了布德施恩，有信官唐明德，和一同参与的信女向家媳妇妙全、唐明德与向氏之子信男唐爱。官府差役唐幸恩，以及山上和寺中的僧人、普通人等，都向寺内的金相尽享表示诚意，可以见得他们如葵花向日一般的热忱。用出家人的话来说，有愧于身在佛门，叨念继承佛法。对佛教戒律的深意不够明了，尽管精心修行，还是很难抓住佛教教义的根本和核心，辜负了大好时光，虚度了岁月。亲眼见到本寺建立，以前的土官唐冠，拿出家财在成化戊戌年（1478）农历十一月的初一修造永宁禅寺，金像整齐庄严，廊应建造具全。缅怀追忆之前的岁月，衣食富足，晨钟暮鼓，铿锵有力，开始铸造铜钟，永远供养。信官唐明德诚意准备家资，贿略诱引，信徒尊崇他，各隘也依附于他，共同成就所期盼的福果。最大的愿望是皇帝的教化能够随风永远到达这里，法度的雨水能够浇灌到境内各处，边境清净安宁，战争永远平息。使僧人和普通人都感受到佛法，称心如意没有忧患，世世代代根基巩固，铸造此钟记载就是为了这些事情。

铭文显示麻寮千户所铜钟的铸造地点在湖广都司所辖范围内的麻寮所震鼓山永宁寺，主持者为唐氏家族的远孙、出家人唐明魁，为此钟的铸造出资的则是唐明德及其亲眷。自明成化戊戌年（1478）土官唐冠开始铸钟起，一直到明正德九年（1514）唐明德铸成此钟为止，共历近40年。铸钟的目标在于保一方安宁，维护唐氏家族在麻寮所的统治。铸造此钟得到了各隘的拥护，可见政治传播对于佛教传播有着极大的推动作用。此外，"金像、佛、寺、信官、信女"等该部分特定词汇的刻铭需另起行，以示尊崇佛教与社会上层的供养人，表明佛教在当地民众心目中的地位。

第三部分自"燕居□明魁"至"唐氏□□朝万金□□"，所记多为信官的名字及其家眷。这部分有些姓氏另外起行，或一个人的姓在另一个人的姓之下一格，是为了表示尊卑有序。从这部分不难看出，麻寮所地区深受中原宗族文化的影响，信众人员的数量也表明该地佛教文化的普及程度和广泛的社会基础。

值得注意的是，容美土司所在的武陵山区拥有悠久的佛教文化历史，武陵山区特指武陵山及其余脉所在的区域，包括今恩施州、张家界市、湘西州、怀化、铜仁市和渝东南等地。佛教传入武陵地区的时间较早，同治版《来凤县志》记载："咸康佛在佛潭岩上。峭壁千寻，上刻古佛二尊，须眉如画……左镌有记，仅余'咸康元年五月'六字，文多不可辨。"❶由此可见，早在东晋成帝咸康年间（335～342），位于鄂西的来凤县已建成仙佛寺，寺中岩塑释迦牟尼、弥勒、燃灯三尊巨佛。

　　此后，佛教在统治者与当地民众的推动与支持下不断发展，并与当地的传统文化、民间信仰相结合。以梵净山为例，自宋代修建西岩寺开始，这里就逐渐成为"古佛道场"。❷到了明代，佛教更为兴盛，四川佛教禅宗崛起，佛教大规模传入贵州，影响范围渐广。明末清初，重庆等地的诸多禅宗弟子往返多地，客观上加快了佛教的传播速度。清道光年间，梵净山香火旺盛，礼佛的香客甚多，寺庙也形成了一定规模。佛教之盛正如《道光思南府续志》所载："六月中，远近男妇烧香朝礼者不下万人。磴道崎岖，险处垂二分尺。朝礼者攀铁縆而上，前人之踵接后人之顶，鱼贯而从，备尝怖苦，期以邀福。"❸梵净山《下茶殿碑》也记载："数百年进香男妇，时来时往，若城市然。""佞佛者朝谒名山，号称进香。往往结党成群，携老扶幼，此风他省亦间有之……先日敛钱制黄旗一方，或百人，或数十人为一队，导之以旗，每人身背黄袱，乌乌唱佛歌，前呼后应，举国若狂。"❹由此可见，明清时期的梵净山已然成为信教者趋之若鹜的佛教圣地。

　　容美土司地区曾有大量佛教文化遗存，《容美土司史料汇编》以及乾隆版《鹤峰州志》等清代地方志都有相关记载，鹤峰县有"广嗣寺、广坛寺、地藏庵、文昌庵、永宁寺、玉田寺、报恩寺、福田寺、百斯庵、金龙寺、潮水寺、灵龙寺、观音寺、太平寺、观音岩"❺等多处佛教寺庙。其中，永宁寺位于所坪村；玉田寺"在北佳坪土司旧建"；报恩寺"在城西门外土司旧建"；福田寺"在城西门外，土司旧建"；百斯庵"在城南门外，土司旧建"；白水观"在大面保七王冲……土人建庙于巅峰，对启二殿，檐抵河边，中接石桥，铸有铜佛。佛甚灵应……每修庙时即有务云上护，使工人

❶　覃治斌、管家庆：《来凤仙佛寺文化符号解析》，《中国艺术》2016年第1期，第120-121页。

❷　吴电雷：《武陵山区阳戏融汇佛教文化的历时轨迹》，《湖北工程学院学报》2015年第5期，第58-61页。

❸　黄家服主编、《中国地方志集成·贵州府县志辑》编委会编：《中国地方志集成·贵州府县志辑（46）·道光铜仁府志》，成都：巴蜀书社，2016年，第52页。

❹　徐如澍：《中国地方志集成·贵州府县志辑（45）·道光铜仁府志》，敬人修，成都：巴蜀书社，2006年。

❺　王凤英：《明清鄂西南地区传统宗教与民间信仰研究》，华中师范大学2016年博士学位论文，第79-80页。

不怯"；圆通寺"在南门外坡上。五峰张土司时建寺后"；观音阁"在石梁保。土司时建于西狮子坪。乾隆间移建河东青树坪"；观音庵位于石梁司，金佛寺"在长乐县城东之白鹿庄金堂岭上，土司时建"；复兴寺"原名经堂寺，在尤溪河之中岭上，土司时建"；莲花庵"在宜都县，容美属官唐继勋所建"。❶

由于历史等诸多原因，容美土司地区现存佛教遗物已不多见，其中最重要的除了本文所述的麻寮千户所永宁寺铜钟之外，还有明代大日如来佛像。明代大日如来佛像现藏于恩施州博物馆，为天启元年（1621）十二月二十四日容美宣抚司宣抚使信官田楚产施铜一千斤，于四川保宁府（今南充市）南部县观音矶文昌祠铸造，奉给施州卫（今恩施市）军民指挥司。该佛像由上中下三部分组成，通高1.8米，重370千克底部为须弥座，饰有海水和楼阁；中部为莲花，四层覆叠而成；上部为观世音坐像，盘膝跌坐，男相，身披璎珞，头戴五佛冠，面庭丰满慈祥。佛像背部与臀部均镌刻有铭文，背部铭文为"明天启元年十二月二十四日"，左臀部铭文为"宣抚司宣抚使信官田楚产施铜一千斤，于四川保宁府南部县观音矶文昌祠铸造观音大士、韦驮一尊。田玄，和尚官元"；右臀部铭文为"施州卫军民指挥使司指挥使唐符一，指挥同知石美中……李一凤……"❷等。

综上所述，容美土司地区是武陵山区重要的组成部分，麻寮千户所铜钟是容美土司地区佛教文化传播的重要历史见证物，也是容美土司接受佛教文化，与周边苗、汉民族交往、交流、交融的文化结晶。其铭文与装饰无不表明武陵走廊是中原与西南之间文化、技术交流的重要地理空间。此外，铜钟铭文还涉及铸钟的初衷，从"边境清宁、干戈永息"以及"风调雨顺、国泰民安"等内容中可以看出，铸造此钟最大的愿望是对国家的认同与和平的向往。

实物是我们认识一个时间段内一个地域的人类社会的基本资料，我们可以从容美土司留下的实物资料中获取许多宝贵信息，麻寮千户所铜钟对于研究麻寮所以及容美土司乃至整个武陵山区的佛教信仰都具有重要意义。此外，麻寮千户所铜钟的铭文所涉及的人物，对于研究麻寮千户所的土官世袭情况、发展历史与容美吐司的关系以及张家界唐姓族谱的完善等相关问题有着重要意义。

（作者：于红鹛❸）

❶ 中共鹤峰县委统战部：《容美土司史料汇编》，1984年。
❷ 此铭文由恩施州博物馆提供。
❸ 于红鹛，女，湖北鹤峰人。2016年9月至2020年6月于中南民族大学民族学与社会学学院文物与博物馆专业攻读学士学位，2020年9月至2022年6月于武汉大学历史文化学院文物与博物馆专业攻读硕士学位，2022年就职于荆州博物馆。

襄阳承恩寺明成化铜钟与明代皇室

在今湖北省襄阳市谷城县的承恩寺内保存着一件较为完好的明代铜钟，钟通高2.3 米，口径 1.58 米，唇厚 10 厘米，重约 5 吨，铜质精良，器型端庄，工艺超群，与北京地区所见明代寺观铜钟风格一致，是南方地区十分少见的明代皇室御赐铜钟。

一、铜钟造型

铜钟钟纽为双头龙蒲牢造型，弓背宽肩、俯身平首、目光正视前方，前爪双臂粗壮有力，显露出庄重威严之气；龙首与龙身刻画极其细致，可辨唇、齿、鼻、眼、角、须、鳞、趾等诸多细节。钟纽下方开有一圆孔，应为浇筑口；浇筑口内壁四周各有一团扇形凹槽，可能是钟模留下的技术痕迹，抑或装饰。钟顶略微隆起，肩部一圈饰 24 瓣莲纹。

钟肩至钟裙有 14 道弦纹分为上下两层，而上、下两层又各被方格纹分为四个横向的矩形区间，且每个区间内部又分为五个部分：中心矩形区域与上下左右四个梯形区域。上下层的区间内的梯形区域皆饰游龙纹与火云纹，左右两侧的梯形内为单龙，上下两边的梯形内为双龙戏珠。而上下层的中心矩形区域则有不同：上层中心由三层的圆环与四周的梵文所构成，圆环外层为火云纹，中层为 8 个莲瓣纹，内层圆圈书梵文一字；下层则书 3 个大字梵文。在上下层各自的区间与区间之间，又各构成了四个竖向的矩形。其中，上层与龙首对应的两个矩形内为梵文，另外两个矩形为钟牌，中心竖书汉文，钟体西侧的汉文为"皇帝万岁万万岁"，钟体东侧的汉文为"大明成化乙未月吉日制"；下层的四个竖向矩形内皆为梵文。

底层弦纹下方饰八卦纹，八卦纹之下饰一圈 8 个连弧纹，连弧纹下的钟裙又饰一圈梵文。梵文下有 2 个钟月，分布在与钟牌对角的两侧。最下方的钟口为波弧形喇叭口，波弧共 8 段，每段向下的弧与八卦纹一一对应。铜钟自肩部莲瓣纹至底部钟月，通体饰以梵文，计 4889 字。

该钟属于典型的明代皇家佛钟，与北京大钟寺古钟博物馆所藏的明成化龙纹铜钟的造型和纹饰风格一致。钟牌铭文"大明成化乙未月吉日制"表明铜钟铸于明成化十一年，而"皇帝万岁万万岁"暗示着这口铜钟与成化皇帝之间曾有过一段渊源往事。

二、赐钟与"先志"

承恩寺内有玉碣亭一座，亭内立有一碑，碑上刻明襄宪王朱瞻墡所作《敕赐大承恩寺记》，其中刻有"皇上嗣统复初，太监陈喜等兼赐钟碑，以成先志，俾是刹所需，益备以周"等文字。陈喜是成化年间的太监，"皇上嗣统复初"指夺门之变后皇统复归明英宗一脉之事。因此，铜钟和玉碣亭之碑正是明英宗朱祁镇之子明宪宗朱见深给襄宪王的"兼赐钟碑"。对于"兼赐钟碑"这件事，襄宪王自述是"以成先志"；这份"先志"是将承恩寺进一步打造完善，因为铜钟和石碑正好都是承恩寺需要的——"俾是刹所需，益备以周"，自此，才将承恩寺的设施修筑完备了。不仅如此，襄宪王在《敕赐大承恩寺记》文末又歌曰：

> □五朵兮巃嵸，势峻极兮穹窿。
> 俨芙蓉兮献秀，实磅礴兮攸钟。
> 恒细想兮驰思，特躬览兮幽踪。
> 睹阴阳兮对待，亦预卜兮元宫。
> 粤睿皇上兮放勋，复敦睦兮同宗。
> 颁金符兮取觐，忻仰睹兮重瞳。
> 妥详陈兮厥由，荷俯纳兮愚衷。
> 敕司空兮董役，阅三载兮功牟。
> 巍巍兮台殿缭，屹屹兮垣墉焕。
> 华彩兮冈峦藏，旷世兮奇逢。
> 惟兹山兮支分，盖广德兮是同。
> 有别院兮犹存，亦释氏兮茂荣。
> 聿请易兮题额，志恩意兮攸隆。
> 肆皇上兮至仁，念先志兮克恭。
> 既锡予兮贞珉，又存贶兮华钟。
> 兹文曷能具兮形容，聊垂颂兮有永。
> 冀少罄兮微忠，庶亘今兮亘古，与天地兮无穷。

歌中提及睿皇帝（明英宗）和襄宪王的"复敦睦"以及襄宪王在五朵山、广德寺的"奇逢"，之后襄宪王"请易"名为承恩寺和永安山，并营建寿藏，"先志"便由此诞生。"肆皇上兮至仁，念先志兮克恭"，关于承恩寺的这份"先志"，不单单是襄宪王一个人的，还是明英宗和明宪宗的。"既锡予兮贞珉，又存贶兮华钟"，明宪宗即位接过了这份父辈之情，赐予襄宪王石碑和华钟而成其"先志"。嘉靖年间的襄庄王朱厚颍所写《重修大承恩寺碑记》记载："又蒙敕赐钟楼，成化十四年正月十六日，我祖仙逝，谥曰襄惠王，遣武安侯郑英，又遣御用太监陈喜等，累赐谕祭文，遣官造坟归葬。"❶ 这里没有提到"钟碑"，而是说"敕赐钟楼"。钟楼悬挂的寺观钟重量和体积很大，一般有几吨至几十吨，搬运至已有的钟楼上层十分困难；所以往往采用先铸钟，后造楼的顺序，在钟确定放置的原地营建钟楼。以襄庄王作为后人的视角来看，从小见到的便是一体化的钟楼，已远离"兼赐钟碑"事件多年，因而说"钟楼"不说"钟碑"也就不奇怪了。襄宪王去世后，同样还是操办钟碑之事的太监陈喜受明宪宗之命来"赐谕祭文，遣官造坟归葬"。最终，明宪宗以大礼隆恩将襄宪王入葬承恩寺所在的永安山，完成了"先志"的最后一步。

铜钟是为"先志"的承载之物，赐予铜钟是明宪宗达成襄宪王"先志"的行动和方法；而"先志"的背后则是襄宪王与明英宗之间一段曲折的往事和情谊。

三、襄宪王与明英宗

关于襄宪王，《明史》记载：

> 襄宪王瞻墡，仁宗第五子。永乐二十二年封。庄警有令誉。宣德四年就藩长沙。正统元年徙襄阳。英宗北狩，诸王中，瞻墡最长且贤，众望颇属。太后命取襄国金符入宫，不果召。瞻墡上书，请立皇长子，令郕王监国，募勇智士迎车驾。书至，景帝立数日矣。英宗还京师，居南内，又上书景帝宜旦夕省膳问安，率群臣朝望见，无忘恭顺。

> 英宗复辟，石亨等诬于谦、王文有迎立外藩语，帝颇疑瞻墡。久之，从宫中得瞻墡所上二书，而襄国金符固在太后阁中。乃赐书召瞻墡，比二书于《金滕》。入朝，宴便殿，避席请曰："臣过汴，汴父老遮道，言按察使王贤以诬逮诏狱，愿皇上加察。"帝立出，命为大理卿。诏设襄阳护卫，命有司为王营寿藏。及归，帝亲送至午门外，握手泣别。瞻墡逡巡再拜，帝曰："叔父欲何言？"顿首曰："万方望治如饥渴，愿省刑薄敛。"帝拱谢曰："敬受教。"目送出端门乃还。四年复入朝。命百官朝王于邸，诏王诣昌平谒三陵。及辞归，礼送加隆，且敕王岁时与诸子得出城游猎，盖异数也。六年又召，以老辞。岁时存问，礼遇之隆，诸藩

❶ （清）承印等修：《谷城县志》卷七《艺文·二十四》，清同治六年刊刻。

所未有。成化十四年薨。 ❶

英宗因土木堡事件被俘虏后，朝廷商议重新立帝，公认襄宪王"最长且贤"，太后召其入宫准备立帝。然而，襄宪王却选择了拒绝，并且上书请立皇太子（后来的明宪宗）为帝，让郕王（随后的景泰帝）监国，同时招募智勇之士想办法救回英宗。然而，书到之时，已立郕王为帝。英宗回归后，被景帝软禁。襄宪王再次上书，请景帝要以礼对待英宗，经常去探访问安，并带领群臣在月初和月中觐见，提醒景帝不要忘记礼仪。

待到英宗复辟后，因为石亨等人诬陷于谦、王文有过要迎立外地藩王入京为帝的言论，而襄宪王正是最有名望的藩王，所以英宗一直猜忌怀疑他。过了很久，英宗发现了襄宪王所上二书和襄国金符，才明白襄宪王原来一直拥戴着自己，并无称帝的想法，于是召见其入宫，将二书比作《金縢》，解开了对叔叔的误会。襄宪王入朝后设宴款待；宴上，襄宪王还不忘提及按察使王贤被诬告入狱之事，希望皇上明察，英宗听后立刻办理。待襄宪王离京时，英宗亲自送别到午门外，"握手泣别"，并聆听叔父的教诲。之后襄宪王又一次入朝，英宗"命百官朝王于邸，诏王诣昌平谒三陵"，礼数甚隆。而襄宪王离开京都时，送别的礼数比之前更隆重，并许以特权，允许王岁时襄宪王及诸子出城游猎。后来英宗又召见襄宪王，但襄宪王以年老而推辞掉了。此外，英宗每年都会进行问候，这般礼数待遇是其他藩王所没有的。最后，襄宪王于成化十四年（1478）去世。

襄宪王与明英宗的故事颇似记载周公与周成王事迹的《金縢》，二者皆讲述了侄子作为君主，听信他人谗言，怀疑叔叔有篡位之嫌；而后发现叔叔多年前的书信，才知道叔叔的一片苦心，最终解开误会，两人重归于好。明英宗将襄宪王所上二书比作《金縢》，故而之后也效仿周成王，极力调和与叔叔的关系，以大礼相待，成就了一段叔侄佳话。并且，第一次上书中襄宪王请立皇太子为帝的举动，不仅打消了明英宗的顾虑，也在明宪宗心中多添了一份好感，很自然地为后来明宪宗赐钟和"成先志"之事奠定了双重情感基础。所以，才有了襄宪王歌曰："肆皇上兮至仁，念先志兮克恭。既锡予兮贞珉，又存觊兮华钟。兹文曷能具兮形容，聊垂颂兮有永。冀少罄兮微忠，庶亘今兮亘古，与天地兮无穷。"

襄宪王作此歌已提到赐钟之事，可见《敕赐大承恩寺记》写于成化十一年（1475）之后，此时距离襄宪王离世只剩下三年。襄宪王一生没有做皇帝之意，在生命的最后日子里，念叨的是与明英宗和明宪宗的情谊；他也不求其他封赏，唯独对那份"先志"念念不忘。那究竟是怎样的"奇逢"让襄宪王如此钟爱承恩寺和永安山，以至于成为他的"先志"呢？

❶ （清）张廷玉等撰：《明史》卷一百十九《列传·第七》，北京：中华书局，2013年，第3629页。

四、承恩寺与永安山

在今襄阳市博物馆陈列着一口元代泰定年间铸成的铁钟，钟高 2.1 米、口径 1.45 米、纽高 0.53 米，重逾 2 吨，保存状况良好。圆体，口沿外撇，钟顶为双龙首蒲牢纽。顶端圆弧近平，由细凸弦纹分为内外二区，内区素面无纹，外区为变形莲瓣纹；钟身上部由凸弦纹划分为四区，区间各分铸竖书四个大字："皇图永固""帝道遐昌""佛日生辉"和"法轮常转"；其余各区铸满文字，均为阳文。铭文记载："襄阳路南漳县万同山广德宝露禅寺住持福增功□。本寺古来禅刹……新造殿堂，塑绘佛像……众力造成宏钟一口，祝延圣寿万安……泰定三年丙寅岁十月日山门记。"铭文中提到的万同山和广德宝露禅寺便是永安山和承恩寺。

明初，大臣胡濙受永乐帝之命寻找建文帝下落，曾来过万同山。正统元年（1436）三月，已任礼部尚书的胡濙在北京遇见了襄阳指挥同知王贵，两人应是当年在襄阳的旧识，所以王贵将这些年来广德寺的变迁情况告知了胡濙，为此，胡濙专门写下《万铜山广德宝岩禅寺兴造记》来记录。后来，广德寺住持又派人来拜见胡濙，将修寺的最新进展——修建水陆崇圣宝殿的情况告诉他，于是胡濙又因此写下《广德寺崇圣殿碑记》。两篇文章如今收录于清同治本的《谷城县志》，原文如下：

万铜山广德宝岩禅寺兴造记 ❶

胡濙

万铜山距谷城县治东南九十里，其山厚雄峭秀且泉清土肥，古之抱道藏修者多半居于是焉。寺创于隋，至唐广德年间敕建，其规模雄杰钜丽，故擅名。按《传灯录》所载，道业隆盛，释门宗仰者广德五人焉，盖地灵则人杰，而兹寺遂为谷城诸寺之冠。元季毁于兵燹，逮皇朝洪武中，虽尝营葺久而未完，仅蔽风雨而已。余基尚为荆榛兀砾之场，见者凄惋。

永乐初，予为都给事时，偕户部主事王和奉太宗文皇巡历四方，至荆襄间登兹山，爱其境胜，曾留信宿，迄今尚能忆其规制。永乐十九年，朝廷丕造广荐法会时，少林僧觉成号大用者绍曹溪之正傅久修禅定，缁素景慕，承诏命至京会。越明年，僧录讲经隐峰暨谷城僧念法山沦，潜以为非道誉远扬，人世咸信，乡者不能兴复，遂葺辞具疏叩请大用，大用果能以扶植宗教为心，欣然允诺。又明年秋七月入寺，一音演唱，四众俱欢，即简材庀，工庀堂殿，廊庑经藏，钟楼方丈，庖湢库溲，僧房或后或先，以次落成，无不完美。庀数百楹，伟然有隆盛之势，复塑三身四智，千佛诸天，伽蓝圣僧，宜肖像瞻，敬者靡不毕备。又于山下辟灵济院观音寺及庄田二所，窑院一座，以瞻僧众，以工供修葺。斯皆大用，道化所感遐迩。向慈贫者，效力富者，舍财故能成此无量功德也。夫以六七年之间而众宇一新，禅衲云集，不下千指，较之往昔，霄壤不侔矣，其兴坠起废之功，岂浅鲜哉？寺之僧及檀越咸欲寿石以纪迹。正统元年季春，襄阳指挥同知王贵朝贺来京，具大用事状谒予征记予，维兹山乃旧游之地，今乃壮观于前，如是宜为记述，固难以冗剧辞，遂为书其兴复岁月？使来者有所考焉。

广德寺崇圣殿碑记 ❶

胡濙

襄阳西北有山曰"万铜"，有大招提曰"广德"，盖其峰峦环拱，聚气藏风，水流通贯，又非他山可比。故建寺以来，法席鼎盛，有宿德倡道其中，而宗风愈振，缵成丕绪，代不乏人。今际昌辰，尊崇像教，觉成公大用，缵领寺事，以兴复为己任，大事经营，凡丛林所宜有者，罔不毕具，不远数千里，缄辞致香，遣其徒了广谒予微记，且云今复以中前殿基，改建为水陆崇圣宝殿，高五十七尺，重檐叠拱，极其壮丽，雄冠诸刹，敬蒙襄府贤王殿下造毗卢佛一尊，座至焰光三十尺，金彩饰就，虔奉殿中南向。暨钦差提调太岳太和山宫观事中贵陈成，塑丈六金身接引阿弥陀佛于殿后，北向殿中，周围悉悬水陆神像，亦极一时庄严之盛。若非登载，曷示方来？烦述兴作，记文勒诸贞珉，用垂不朽，仍欲以成考订圣朝颁降仪文，并全山水陆施食根本，刊于碑阴，俾永远流传。其用心可谓劳且勤矣。窃观丛林宿衲，多以激扬斯道自任，而于事为之末，或不加意。公则鞠躬尽瘁，示现有□□始成终，略无少懈，非性智圆融，达事理之不二，安能如是？爰用为之备记其颠末，冀来者知其所自，相与扶植，俾久而弗坠也。盖其兴废，固固于数，而亦在乎人，为特书此为记，以复其请。

在胡濙的记录中，山名为"万铜"，寺名为"广德宝岩禅寺"，这与元泰定铁钟的铭文记载发生了微小的变化。这座山是一座风水宝地，十分受人喜欢，胡濙记有"古之抱道藏修者多半居于是焉"。他自己游历到此也是相当喜爱，还曾留宿——"至荆襄间登兹山，爱其境胜，曾留信宿"，并且过了十九年，还可以清楚记得——"迄今尚能忆其规制"。他将这座山描绘为"其山后雄峭秀且泉清土肥"，"盖其峰峦环拱，聚气藏风，水流通贯，又非他山可比"，可见万铜山景色、风水之卓绝。而建于此山上的广德寺则更是被世人所看重。

胡濙翻阅了《传灯录》的记载，在《万铜山广德宝岩禅寺兴造记》中载："按传

❶ （清）承印等修：《谷城县志》卷七《艺文·三十》，清同治六年刊刻。

灯录所载，道业隆盛，释门宗仰者广德五人焉，盖地灵则人杰，而兹寺遂为谷城诸寺之冠。"而到了元代，广德寺被严重毁坏，即便洪武年经过局部的修葺，也只是"仅蔽风雨而已"。不过，胡濙在永乐初游历时虽然登上了万铜山，却并未入寺。除了《传灯录》，他关于寺庙的记述来自入京的王贵和广德寺僧人。

王贵为胡濙提供资料写下《万铜山广德宝岩禅寺兴造记》时，还没有出现襄王的影子。等到广德寺僧人再次来访，胡濙写下《广德寺崇圣殿碑记》时，"襄府贤王"的名称已然出现。其中缘由在于，作为明朝第一任襄王的襄宪王，就藩襄阳的时间是正统元年（1436），《明史》载："宣德四年就藩长沙。正统元年徙襄阳。"❶ 而《万铜山广德宝岩禅寺兴造记》的内容截止时间也恰好是"正统元年季春"，因此，刚好没有出现襄宪王。又过若干年，广德寺僧人来访时，《广德寺崇圣殿碑记》也就出现了时任的"襄府贤王"，即唯一与胡濙同时期的襄宪王。

"敬蒙襄府贤王殿下造毗卢佛一尊，座至焰光三十尺，金彩饰就，虔奉殿中南向。"这是《广德寺崇圣殿碑记》中关于襄宪王的事迹的记录。广德寺在修建水陆崇圣宝殿的过程中，获得了多方力量的支持，襄宪王赠送的毗卢佛像便是其中最珍贵之一。毗卢佛即大日如来，是佛教密宗地位最高的佛，位于中央统领着所有佛跟菩萨，因此将其造像"虔奉殿中南向"。以地位最高的毗卢像为礼赠予广德寺，可见襄宪王对承恩寺的重视和对佛教的虔诚。事实上，正是因为襄宪王对佛教的笃信，才会在接触到万铜山与广德寺后产生了"先志"，由此引发了一系列的事件，并记录于《敕赐大承恩寺记》：

> 予封国西南三舍许，有寺曰"广德"，世传始创于隋，初名"宝岩"，至唐广德间重修，因以为额，元季颓圮。明永乐中，有僧觉成，力任兴复，崇梵宇，栖法像，增楼阁，储释典，方丈禅堂，靡或不具，轮奂之美，□昔有加，而实为封国名胜之刹。恒慕其地幽境秀，峰峦环拱，欲游观而未之果。正统甲子始获一造，以尝所怀。其寺南有山曰"五朵"，状如芙蓉削出，心甚爱之。天顺元年，□皇大宏敦睦，特敕会朝，克布衷悃，爰乞兹山以营寿藏。制允所请，乃敕工部主事刘春以董之。
>
> 时三司奉檄，府卫趋命，百工交作，罔敢或遑。阅三年庚辰，厥工告集，殿宇门庑，垣墉桥道，□深坚致，靡有遗缺，恩至沃也。夫昔之创此寺也，而寺为山之主；今之营此藏也，而山为寺之宾。不有记述，曷示无穷？故复请改其山为"永安"，改其寺为"大承恩寺"。名实兼美，今古同辉，庶为子孙者监观于斯，

❶ （清）张廷玉等撰：《明史》卷一百十九《列传·第七》，北京：中华书局，2013年，第 3629 页。

同一感戴于万亿年也。昔周公以王室至亲，心在纪述，志存笃恭，勋劳之大，宜厚其赐。瞻瑊仰赖太祖、太宗开创于前，昭考章兄绍承于后，公旦勋劳，素无毫末，虽尝上章慰安太后，护保国本，□期复銮舆，不过少效微忠而已。□□承圣眷，灶锡屡加，以及寿藏，率座圣怀，庇隆成周，敦睦之意，弗意睿皇上宾。皇上嗣统复初，太监陈喜等兼赐钟碑，以成先志，俾是刹所需，益备以周。瞻瑊思维大恩无以报称，故勒兹文以寓纪述之万一也。谨记颠末如上，复系之以歌曰：

（"歌曰"此处省略，见前文）

襄宪王于正统元年（1436）就藩襄阳，听说了广德寺和万铜山后便心生向往，却一直没有机会去——"恒慕其地幽境秀，峰峦环拱，欲游观而未之果"。直到九年后，"正统甲子始获一造"，才第一次入寺造访，终于"以尝所怀"。面对万铜山，襄宪王亦如前人所爱——"其寺南有山曰五朵，状如芙蓉削出，心甚爱之"。但他没有提及万铜山，而是用了"五朵山"之名。"五朵"可能是万铜山中几座突出的峰峦，襄庄王朱厚颍《重修大承恩寺碑记》载："因历五朵，形胜峰峦秀丽，壁立云中，龙虎拱伏，朱雀前迎，而寺为元武之后障焉，万山环朝，清泉咸沸，诚吾祖乐邱也。"❶ 襄宪王自此埋下了"先志"的种子。时至广德寺修建水陆崇圣宝殿，襄宪王捐赠三十尺的金身毗卢佛像为寺里做出巨大的贡献，因而被广德寺僧人铭记，随后传到了远在北京的礼部尚书胡淡那里，才得以将此事记下（由于胡淡写《广德寺崇圣殿碑记》时广德寺还并未改名，可知修建水陆崇圣宝殿之事在天顺元年，即1457年之前）。捐赠佛造像充实广德寺，让襄宪王的"先志"完成了部分，并且进一步放大。

"天顺元年（1457），□皇大宏敦睦，特敕会朝，克布衷恩，爱乞兹山以营寿藏。制允所请，乃敕工部主事刘春以董之。"襄宪王在天顺元年会朝时，向刚刚复辟的明英宗提出了在五朵山营建寿藏之事。除了自身对五朵山和广德寺的喜爱，襄宪王恰好在这个时间点提出修建墓地，也许是为了打消明英宗听闻"迎立外藩"的疑虑，表明自己无意于皇位，只希望在襄阳度过晚年，就地长眠。明英宗可能领会到了襄宪王的这层意思，于是允诺，并命令工部主事刘春来监督管理这件事。当时营造寿藏的场景是"时三司奉檄，府卫趋命，百工交作，罔敢或遑"，"阅三年庚辰，厥工告集，殿宇门庑，垣墉桥道，□深坚致，靡有遗缺"，最终用了三年时间将寿藏建设完成。襄宪王的"先志"得到了进一步的满足，但是，这还不够。襄宪王虽然对皇位没有意图，但对于死后的山和佛教的寺却颇为有兴致。他以周公自比，"昔周公以王室至亲，心在纪述，志存笃恭，勋劳之大，宜厚其赐"，认为应该获得更多的赏赐，而这次所求的赏赐便是更变山寺之名——"夫昔之创此寺也，而寺为山之主；今之营此藏也，而

---

❶ （清）承印等修：《谷城县志》卷七《艺文·二十四》，清同治六年刊刻。

山为寺之宾。不有记述，曷示无穷？故复请改其山为'永安'，改其寺为'大承恩寺'。"明英宗对襄宪王的请求再次允诺。但这次，在明英宗的角度看来却截然不同于第一次。根据襄宪王自比于周公之言，显然他已经联想到了《金縢》，而明英宗正是发现襄宪王所上二书并将之比作《金縢》，才解开了误会。所以，襄宪王第二次请求时，已是两人关系归好之后。这次，明英宗不再是出于猜忌和潜在利益冲突的政治允诺，而是对叔侄血脉亲情的回应；而改广德寺为"大承恩寺"之名，亦是襄宪王对明英宗所发起的真挚问候。至此，襄宪宗的"先志"真正关联到了明英宗，且已完成大半。

明宪宗继承父亲与襄宪王的"金縢之情"，同时还有与襄宪王"请立皇太子"（明宪宗）的"一书"之谊，所以向襄宪王赏赐是情理之中。但为什么赏赐是钟碑而非他物呢？从结果反推，就不难发现，"兼赐钟碑"是明宪宗对襄宪王精准了解的一个选择。

有明一代，对儒释道三教都颇为推崇，不同的皇帝虽各有侧重，但总体是三教合一的状态。明英宗受太监王振影响而宠佞佛教，在位之时佛教最盛；明宪宗则志在三教融合达成平衡，在登基之初便作画《一团和气》，表达出对儒释道三教和平共处的态度。襄宪王在英宗朝所处最久，受佛教影响最深，因而在万铜山遇广德寺而生"先志"。明宪宗很明显知道这一点，乃至更多的细节。他十分清楚襄宪王对佛教、对承恩寺的态度，甚至是承恩寺营造的具体细节：面对已经重建的承恩寺建筑和新造的金身佛像，唯独缺少一口相配的洪钟。掌握了这些具体的信息，明宪宗才精准地赐钟来让襄宪王"以成先志，俾是刹所需，益备以周"。完成襄宪王生前的"先志"。并且，在襄宪王死后，明宪宗还"遣武安侯郑英，又遣御用太监陈喜等，累赐谕祭文，遣官造坟归葬"，完成襄宪王死后的"先志"，给襄宪王的一生画上圆满的句号。

结语

在明宪宗赐钟后，成化铜钟为承恩寺不断增添着影响力。成化年间的襄府长史吴宏密在《题大承恩寺碑阴》中写道："未几，上宾宪宗皇帝重襄藩之贤，念先帝之眷遇，复遣中使斋赐以镛，恩之沃，可谓至矣。荷此遂升于楣，构楼登钟且镌珉以纪之，而沙门之巨镇，邻山之壮观具备矣。"❶成化铜钟让明初便开始修建的承恩寺最终得以完整，并成为"沙门之巨镇"，"邻山之壮观"，为承恩寺在明代中期的兴盛创造了物质条件。

及至明朝中晚期，伴随着国力日衰，民力日窘，承恩寺也随之慢慢衰弱。襄庄王

❶ （清）承印等修：《谷城县志》卷七《艺文·二十九》，清同治六年刊刻。

朱厚颎入寺发现后，念祖先襄宪王与英宗、宪宗之情，于是"除命官重整殿堂外，第寺经年久，不无亏于风雨鸟鼠者，遂捐余禄，命官阮恩、僧悟才、悟香修葺，今百工告成，僧启予记之"。[1] 让已年久失修的承恩寺再复完善，但襄庄王也未多提及情况如何，只言"修葺"和"百工告成"。即便再修，承恩寺也不复往日的辉煌盛况，最终也随着明朝一步一步走向了衰败。如今的襄阳承恩寺已凋敝无僧，被列为国保单位，成了旅游景点。明成化铜钟依旧在东边的钟楼悬挂，成为明朝这一段皇家历史和承恩寺几度兴废的见证。

综上所述，襄阳承恩寺明成化铜钟作为典型的明代皇家寺观钟，承载了大量的历史信息，具备深厚的历史文化内涵，它实证了襄宪王与明英宗、明宪宗之间发生的一段皇家史实；其工艺特征则反映了明朝中期皇家铸钟技术的高超水平；其形制、纹饰也为进一步研究我国寺观钟的发展和明代儒释道三教合一的融合发展提供了实物资料；作为湖北省内最大的一口古钟，是当之无愧的历史瑰宝。

（作者：周保荣[2]）

---

[1] （清）承印等修：《谷城县志》卷七《艺文·二十四》，清同治六年刊刻。

[2] 周保荣，男，湖北监利人，2016 年 9 月至 2022 年 6 月于中南民族大学民族学与社会学学院文物与博物馆专业攻读学士学位和硕士学位，2023 年起就职于荆州博物馆。

钟祥市明代皇家道观元佑宫所存
清代铁钟考

　　湖北省钟祥市元佑宫内现存一口清代顺治年间的铁钟，它被悬挂在宫内主殿元佑殿前方东侧的小亭内。古钟为铁质，因锈蚀，呈暗黄色。通高 210 厘米，纽高 38 厘米，顶口直径 23 厘米，钟顶直径 100 厘米，钟底直径 155 厘米，体量庞大，属于大型钟。钟纽为双龙首四足蒲牢造型，两首相背，背上有一道凸起的脊骨，圆目短鼻，眉骨突起，四足与双龙首均与钟顶衔接。蒲牢，是传说中龙的九子之一，好鸣、声大，用蒲牢作为钟纽，极具象征意义。钟纽正前方有浇铸口留下的铸痕，浇铸口高 20 厘米。钟肩环饰一周云纹，云纹下侧有一道细弦纹将钟肩和钟体隔开，钟体由两条细弦纹划分

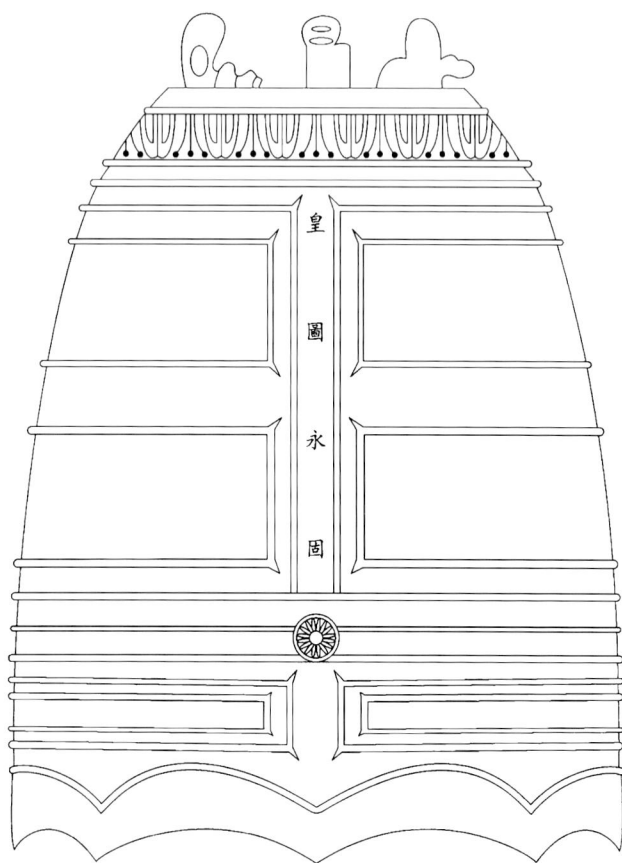

图 1　元佑宫顺治铁钟（线描图）

图2　元佑宫顺治铁钟铸造时间的铭文

成上中下三个部分，每一部分又分成四个大方区和四个小方区（图1）。钟体上部四个小方区内分别阳刻"风调雨顺""国泰民安""道日增辉""法轮常转"，大方区内均布满铭文。钟体中部大小方区内均布满铭文。钟体下部除了一个大方区无铭文，其余大方区内均有铭文，四个小方区内还有四个直径16厘米的圆形钟撞。在钟裙和钟体之间有一道较粗的凸弦纹，钟裙呈微弧状外侈，弧间距为50厘米，钟口沿为八耳波浪口。铁钟虽有一定程度的锈蚀，但钟体完整、造型美观，声音洪亮。

元佑宫顺治铁钟的铭文均为阳刻，总计2000余字，包含捐资人身份姓名、募资道士、铸造匠人、铸造时间等信息。总体上看，铭文数量最多的为布施者的姓名，其中有募资道士、大清官员、士绅、普通信众等，捐资人多达500余人。从"令火匠士潘正贤造"可知铸钟匠人的姓名。从铁钟所铸"道日增辉""各捐布施铸造洪钟一口于敕建元佑宫永远供奉"等铭文来看，此钟应为道钟，专为元佑宫所铸。钟体上有铭文"顺治甲午年十二月初日吉造"（图2），可确定该钟铸造时间是清代顺治甲午年即公元1654年。铁钟铭文由于时间久远加上自然腐蚀、风化，许多字迹已难以辨认。

一、钟祥元佑宫的皇室背景

钟祥地处湖北省中部，江汉平原北端，有文字记载的历史达 2700 多年。纵观钟祥的历史沿革，钟祥的地位在明朝得到了显著提升。明朝开国皇帝朱元璋平定天下后，考究前朝宗庙制度，认为："先王封建所以庇民，周行之而久远，秦废之而速亡，汉晋以来莫不皆然，其间治乱不齐，特顾施为何如尔要之为长久之计莫过于此。"❶遂大兴分封，将皇子皆封为亲王，成年后出藩，驻守于全国各地要塞，世代相传，以达到"分茅胙土，以藩屏国家"的目的。以此建立起独具特色的诸王封藩制，对整个明代的政治、经济、文化、军事都产生了重要的影响。在明朝 276 年的历史中，分封至湖北地区的亲王有 12 人，其中封地在钟祥的有 3 位藩王，分别是郢靖王朱栋、梁庄王朱瞻垍、兴献王朱祐杬。兴献王朱祐杬是明宪宗第四子，成化二十三年受封，弘治七年就藩湖广安陆州，正德十四年薨，其子朱厚熜嗣王位。明正德十六年，明武宗朱厚照驾崩于豹房，杨廷和主持拟定遗诏："皇考孝宗敬皇帝亲弟兴献王长子，聪明仁孝，德器夙成，伦序当立。遵奉祖训兄终弟及之文，告于宗庙。"❷因此，年仅 15 岁的朱厚熜被确立为皇位继承人，从钟祥前往京师入继大统，成为明朝的第十一位皇帝，即嘉靖皇帝。

钟祥作为嘉靖皇帝的出生地和成长地，其地位得到大幅提升。《明史》记载："钟祥，倚洪武二十四年建郢王府，永乐十二年除。二十二年建梁王府，正统六年除。元曰长寿县，元末废。洪武三年复置，九年四月省入州。嘉靖十年八月复置，更名。"❸明朝嘉靖十年，在明世宗朱厚熜授意下，复立钟祥县，取"祥瑞钟聚"之意，命名钟祥。为提升钟祥的地位，嘉靖十年（1531），皇帝朱厚熜下诏，升安陆州为承天府，从而与北京顺天府、南京应天府同级，共为嘉靖时期的三大直辖府。清顺治三年（1646），朝廷又改承天府为安陆府，钟祥县属湖广布政使司荆西道安陆府，因而在元佑宫顺治甲午年铁钟铭文中多处出现"湖广安陆府"字样。

元佑宫位于湖北省钟祥市城南，是汉水流域一处典型的皇家道教建筑，现为全国重点文物保护单位（图 3）。嘉靖二十八年（1549），明世宗敕令大规模修建元佑宫，一直到嘉靖三十七年（1558）完工，前后耗费近十年。嘉靖皇帝亲自撰写的《纪成碑文》详细说明了元佑宫的建设过程："朕念斯地，庆源所自，特启建元佑宫以崇真妥

---

❶　参见《明实录·明太祖实录》卷五一。

❷　参见《明实录·明世宗实录》卷一。

❸　（清）张廷玉等撰：《明史》卷四十四《地理五》，北京：中华书局，1974，第 1076 页。

图3　钟祥元佑宫宫门

圣保国福民。乃命巡抚诸臣相度会计，集材饬具，经始于嘉靖己酉，迄戊午而告成。中为元佑殿，后为降祥殿，最后为三洞阁；其配殿左为宣法，右为衍真；共前为元佑门，又前为储祉门；钟鼓二楼，拱侍环列。丹艧之施、金碧之饰，绚丽辉煌。抚臣具奏，请以文记……太祖、成祖定鼎两京，并建朝天宫以崇奉玄元，祈天永命，神明协佑，盖愈久而益彰焉，眷惟承天朕实肇基于此……玄元之佑，是依是赖，临御以来崇报之典罔敢少置，于朕怀谨效法皇祖式建新宫，又设官以领焚修，降敕以谕群下，给田以赡官，道礼无不周，事无不备矣。"❶由此可见，元佑宫是嘉靖皇帝钦定建造图式，采用较高等级的建筑规制所建，建成后专供皇帝返乡、皇室宗亲和州府官员朝奉显陵或举行其他重大祭祀活动的焚修祝厘之所。

　　明世宗为何要修建元佑宫？

　　一方面原因在于明世宗本人极力推崇道教。明代自朱元璋以下诸帝大多崇信道，明成祖朱棣认为是真武大帝助其登上皇位。他即位后，随即大肆崇奉真武，大修武当山宫观，封武当山"大岳"，高于五岳之上。明仁宗因服用丹药而死，明宪宗和明孝宗也招道炼丹、习修炼之术。在明代宫廷皇室崇奉道教浓厚氛围的影响下，自幼体质较弱的嘉靖自然也崇信道教，特别是道教方术和道教医学中提倡的服食、服饵、房中、辟谷、存思、导引等方法，对于想要强身健体、绵延子嗣、延年益寿的朱厚熜来说正中下怀，再加上近侍的蛊惑和诱导，他遂大肆斋醮奉道，广修宫观。明世宗一心崇奉道教、痴迷道术，不仅给自己加封道号，自号"灵霄上清统雷元阳妙一飞玄真君"，还给父母追封道号，其父的道号为"三天金阙无上玉堂都仙法主玄元道德哲慧圣尊开真仁化大帝"，其母道号为"三天金阙无上玉堂总仙法主玄元道德哲慧圣母天后掌仙妙化元君"。

　　另一方面，靖难之后，明成祖藩禁，藩王权力大为削弱，徒有封爵不问国政。由于权力受限，明代藩王们无法施展政治抱负，故而普遍产生了出世的精神向往。他们或参禅打坐，或追求道教长生与成仙，与僧道频繁来往。兴王朱祐杬就是其中之一，他崇信道教，"岁时祷祀"。据《钟祥县志》载："纯一道人居玄妙观，道行甚高，兴王常与之游，一日假寐，见纯一入宫中，及觉，问左右曰：'纯一来此乎？'俄报宫中生世子矣。"❶纯一道人，法号元佑，道法高深。兴王封于钟祥，与其结交，密切来往。从县志的这段记载看，兴王朱祐杬曾经做梦似见纯一道人进了王府内宫，醒来发现是南柯一梦，正巧宫内世子出生，此世子就是后来嘉靖皇帝朱厚熜。因此，时有野语称明世宗是纯一道人的"再世"。

　　钟祥王府的崇道氛围与兴王朱祐杬的言行无疑深刻地影响着朱厚熜的成长，特别是后者好文崇道、郁郁寡欢的特质，几乎完全在朱厚熜的身上显现。❷朱厚熜继皇位后，将旧书堂改建为"纯一殿"，又敕建宫观，取名"元佑"，有玄元天佑之意，以示纪念。元佑宫是嘉靖离开钟祥去京师登基后，在钟祥继兴王府、明显陵之后兴建的第三大工程，建筑规格高，规模宏大，雄伟壮观，被称为三楚巨观。

二、捐资铸钟人及铸钟缘由

　　令人惋惜的是，曾经恢宏一时的元佑宫，在明朝末年因战火焚毁大半，仅存三洞阁、钟鼓楼、元佑宫门、衍真殿、保祚、延禧二坊等建筑。直到清朝初年，由道人陈贞一募化三万余金，得以重修。《钟祥县志》中有详细的记载："元佑宫在城南一里，明嘉靖己酉敕建，迄戊午告成。明季闯贼纵火焚毁，清初道人陈贞一募化修建费，三万余金。"❸清人李云鸿在《募修元佑宫引》提到："元佑宫……遭明季之变，前后俱毁。顺治十四年，道人陈贞一矢志重建，当日董其事者，按察部观察宋那守、李总戎、吴诸公以外，七邑官仲捐资集事，略复旧观。"❹此外，《重修元佑宫戒约碑纪》也记载了清初全真道人陈贞一发愿重修及募集资金的全过程。

　　从元佑宫内现存的清代顺治铁钟铭文上，我们可以清楚地看到"顺治甲午年十二月初日吉造"字样，得以明确该钟是清顺治十一年（1654）铸造的。根据钟体铭文可

❶　清同治《钟祥县志》卷二十。
❷　林延清：《嘉靖皇帝大传》，沈阳：辽宁教育出版社，1993年，第3页。
❸　（清）高世荣修：《钟祥县志》卷六《寺观》，清乾隆版。
❹　（清）高世荣修：《钟祥县志》卷六《寺观》，清乾隆版。

知，重建元佑宫者确系道人陈贞一，佐证了《钟祥县志》中关于清初陈贞一重修元佑宫的记载。陈贞一是平凉府固原卫人（今宁夏固原市），于顺治二年（1645）出家。此外，他在募资修重修元佑宫前，先募资铸造了铁钟一口。钟体铭文中详细记录了捐资铸造人的姓名，上至朝廷一品官员，下至普通信众。钟体上部四个大方区内阳刻的是大清朝廷命官姓名，涉及官职有"刑部尚书""内翰林国史院学士""副总兵""荆西道湖广布政使司参议""钦刑部江西司主政""湖广安陆府知府""同知""通判""守道中军守备""镇标中军守备""千总""把总""安陆府经历司""照应""潼川州遂宁县知县""安陆府钟祥县知县""潜江县知县""赐进士文林郎知高平县事""进士文林郎知□西县事""钟祥县捕总""潜江县捕总""守道""生员"等。钟体中部方区和下部方区内为一众普通信士姓名。这些捐资的人有钟祥地区的信官和信众，还有大量包括刑部尚书刘若金、内翰林国史院学士刘肇国、赐进士文林郎知高平县事刘广国等人在内的潜江信官，此外还包含少量山西信众。由此可见，陈贞一募资的对象要集中于当时的安陆府辖区内。

源自中国本土的道教对古代社会的政治、经济、文化、建筑等多方面都产生过深刻的影响。专供道教信徒从事道教活动以及生活的道教宫观是中国传统宗教建筑的重要组成部分，钟楼、鼓楼是道教宫观内常见的建筑形式。道教宫观的古钟是道教活动中的重要法器。从元佑宫的顺治铁钟铭文"大清国湖广安陆府钟祥县小东门外□坡里□峪土地居住，奉道铸造洪钟保安……""各捐布施，铸造洪钟一口于敕建元佑宫永远供奉"上可以看出，各捐资人出于祈福保平安的愿望共同铸造这口铁钟，并存放于元佑宫内供奉。

三、嘉靖皇帝的道教信仰

元佑宫的建造背景已然表明它是嘉靖崇道的见证。

嘉靖帝的崇道加速了道教在当时社会的广泛传播，起到了上行下效的作用。帝王以下，王公、大臣竞相崇道，道教信仰在明代宗藩中普遍传播，其主要表现为宫观的修建与布施、丹药的修炼与斋醮、宗室与道士的交往和相关道教题咏等多个方面。宗教信仰为朱明宗室提供了精神依托，使之在现实生活中获得了满足感，引导着他们乐善好施，履行屏卫帝室的职责。在民间，广大百姓也趋之若鹜地信奉道教。道教的繁盛景象在世宗一朝得到充分展现。然而，嘉靖皇帝对道教的迷信也带来了不少负面影响。其广修宫观，耗费了大量财力、物力；又因沉迷修道不问朝政而广用佞臣，破坏了社会生产与朝堂纲纪。现存元佑宫顺治古钟的质地是铁而非青铜，或许已经可以在一定程度上反映，明代敕建的元佑宫在经历过嘉靖朝"宗教狂热"的透支式崇拜后，

图 4　元佑宫顺治铁钟局部铭文

到清代时，已经开始走下坡路。

保存至今的元佑宫顺治铁钟蕴含着深厚的文化内涵。钟上所铸大量信官和信众弟子的姓名，直观地呈现出清朝初年上至达官贵人、下到平民百姓的宗教信仰情况，道教成为当时人们思想生活中不可或缺的精神寄托，尊崇道教已形成一种社会面的风气。作为道教宫观典型法器的道钟又时常被人们赋予祈福、保平安的美好愿望，可见道教自身的宗教神圣性日益衰退，逐渐走向了世俗化的境地。铁钟上所刻"法轮常转""道日增辉""国泰民安""风调雨顺"，则反映着当时儒、佛、道兼容并包共生共存的事实，为中国古代思想史上儒、佛、道三教合流的历史潮流提供了真实可靠的证据（图 4）。

清朝是中国最后一个封建王朝，其铸造的大钟远比明朝为少。据初步统计，现存清前中期 500kg 以上大铁钟共有 28 口（1840 年前）。[1] 元佑宫顺治铁钟作为为数不多保存下来的清代大型铁钟，本身已经具备重要的文物学研究价值。作为物质实体，其形制展现出了清代铁钟的典型特征，其铭文包含着丰富的历史文化信息，为研究清代寺庙宗教用钟的发展情况、清代的官制、当时社会风气和人民信仰提供可靠的实物资料。

综上所述，元佑宫作为嘉靖皇帝敕建的宫观，是湖北地区现存为数不多的皇家道观，也是嘉靖朝专供皇帝返乡、皇室宗亲和州府官员朝奉明显陵和举行其他重大斋醮法事的焚修祝厘之地（图 5）。其采用较高等级的建筑规制，充分彰显了皇家建筑的威仪。元佑宫的建设背景和建筑规格与嘉靖皇帝对道教的崇奉有着密切的关系，反映了

[1] 王福谆：《"我国古代大型铁铸文物"系列文章之五——古代大铁钟》，《铸造设备研究》2007 年第 3 期。

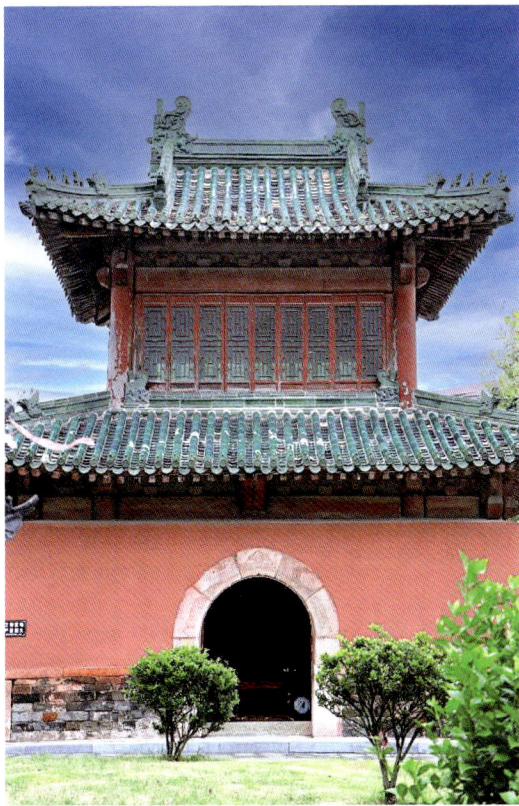

图5　元佑宫钟楼

当时社会较为普遍的宗教氛围和信仰活动。

宫内悬挂的清顺治甲午年铁钟不仅保存完整，还承载了丰富的历史文化信息，铸造年代、捐资铸造者、铸造工匠等相关信息皆在铭文中清楚明确地显现出来。该铁钟既为我们研究元佑宫的历史发展和湖北地区的古钟遗存提供了珍贵的实物资料，也为大众了解清朝初年钟祥地区道教思想的发展情况提供了一扇窗户。

古钟是文物资源的重要组成部分，除了对其本体的研究外，我们还需努力践行"保护第一、加强管理、挖掘价值、有效利用，让文物活起来"的新时代文物工作方针，加强对元佑宫顺治铁钟的科学保护，利用现代科学技术在文物保护方面的运用，做好检测分析和除锈封护工作，营造良好的保存环境，进而使历经悠悠岁月保存下来的百年古钟成为钟祥乃至湖北地区的"吉祥钟"。

（作者：罗莹❶）

❶　罗莹，湖北钟祥人，2021年9月至2023年6月于中南民族大学民族学与社会学学院文物与博物馆专业攻读硕士学位，2023年起就职于武汉市工运纪念馆管理中心。

宗教场所的文物保护刍论

文物是文化的产物，亦是文化的载体，承载灿烂的中华文明，历史遗留的丰富文物资源是弘扬中华优秀传统文化的珍贵财富，文物保护功在当代、利在千秋。党的十八大以来，文化复兴上升为国家战略，习近平总书记高度重视文物工作，进行具体部署并提出要求。十九大之后，中共中央办公厅、国务院办公厅印发《关于加强文物保护利用改革的若干意见》，就进一步做好文物保护利用和文化遗产保护传承工作提出若干指导意见，明确要求把文物安全放在首位，盘活文物资源，在保护中发展，在发展中保护。

佛教寺院和道教宫观尽管不是专门从事文物收藏和保护的文博机构，但是由于诸多历史原因，上述宗教场所存有大量历史建筑、碑刻和铜铁竹木陶瓷等各类材质的历史文物，因而同样是文物保护的重中之地。特别是在诸如宗教名山、寺观建筑群等文物资源极其丰富的典型宗教场所中，文物保护面临着具有代表性的共同困境。

一、宗教场所文物保护面临的主要困境

目前，中国的宗教场所主要包括佛寺、道观、清真寺、基督堂和天主堂五类，其中又以前两类场所存放文物数量最多、规格最高，并多形成五台山、武当山和青城山等集聚性的宗教圣地。尽管绝大多数佛寺和道观已被列入文物保护单位，但由于其作为宗教场所和旅游景点，需要长期接纳大量游客、香客，且工作人员多为宗教人士或相关研究者，较少接纳考古、文博和古建筑从业者入职，故而大多面临保护意识、保护手法、单位协调、专业人才和游客管理等诸多方面的文物保护困境。

（一）文物保护意识较为淡薄

在一些分布大量佛道古建筑的佛道圣地中，历代供奉物与名人碑刻均不鲜见，且多不受到严格保护。因此，我们时常能发现到访游客在场所内反复摩挲文物，而没有工作人员及时劝阻，许多宗教性景区的石壁和古钟上还存在刻字留念的现象。

珍贵文物的保养必须保持其原有形态，故而无法文物本身被重建或粉刷，相关刻

划和印记对文物而言是无法修复的损伤。此外，许多宗教场所内的不可移动文物的说明牌破旧脏乱，信息缺失或不准确，可见长期无人维护。种种现象鲜明地反映出游客和相关工作人员的文物保护意识都较为薄弱，证明文物保护的宣传工作尚未做到位。

（二）文物保护缺乏科学性

文物的科学保护包括预防性保护和抢救性保护。目前，武当山等宗教场所已经建立了重点区域和重点文物的文物安全责任人制度，使得相关遗存能够受到重点监护。然而，以名山为代表的佛道胜迹因地理环境等因素，往往存在一些人流量较少的偏僻角落，其中的遗址很少得到相应保护，部分文物所处的环境不仅达不到文物保护的基本要求，甚至不符合一般意义上的卫生标准。室内文物的保护情况同样不容乐观，部分寺观的古钟被随意安放在殿内的某个角落，周围布满灰尘、蛛网，有的古钟和法器则被堆放在狭小的仓库里，仓库内的温湿度和微生物等环境因素全然没有合理有效的管控，无法达到文物库房的建设标准。此外，诸如碑刻、香炉、大钟等文物常常直接暴露在露天环境中，遭受风吹日晒，许多金属构件矿化严重，无法得到进行及时的抢救性保护。尽管它们在诞生之初即处于现有位置，不挪动相关文物似乎也符合"原址保护"的精神，但这并不代表可以对文物的处境听之任之、毫无作为。

（三）管理系统复杂，缺乏制度设计

由于宗教场所的特殊性质，其管理部门繁多而庞杂，通常涉及景区管理局、特区文物宗教局、宗教协会和文旅局等20多个职能部门，各自的职权范围叠床架屋、交错重合，进而形成了政出多门和管理效率低下的现象，无法做到对全局进行有效把控，从而影响宗教场所文物的整体保护。

众多职能部门的管理体系不仅需要各部门从各自角度出发"做加法"，也要统筹权责分配，为各部门划分明晰的职能边界，用"做减法"的形式实现部门间的合力共管。然而，许多宗教场所缺乏制度性设计，粗放地实行不同部门对不同景区的"分块管理"，将场所内文物的属地责任进行区域性分割。一旦要对场所内的某类文物进行整体研究保护，就需同时和多个部门进行沟通和协调，过程烦琐复杂，甚至彼此间相互推诿，文物保护的难度随之大幅度提升。

（四）文物保护专业人才匮乏

文物保护工作开展离不开高素质人才的有力支持。然而，宗教场所十分缺乏具有文物相关专业知识、技能的专业人才，相关景区内工作人员的专业素质参差不齐，整体水平较低且几乎不熟悉文物保护的相关制度与技术。没有人才支撑的文物保护无疑是空中楼阁，有效、精准的保护更是无从谈起。近年来，随着自然环境的剧烈变化，山火频发，不少砖木结构的寺观因自然灾害的侵袭遭到烧毁。然而，当宗教场所的管理单位要对相关古建筑进行修缮时，却往往因为缺乏专业人才的指导而导致修缮时间

过长和耗费甚多，并很容易造成二次损害，不仅做不到修旧如旧，还给后续的专业性补救制造了更多困难。

（五）游客流量过大，文物安全问题凸显

许多宗教场所除了是文物保护单位，还是世界文化遗产和国家"5A"级旅游风景区，每年都会吸引相当数量的游客信众前来游玩朝拜。在一定的时空条件下，宗教场所的旅游活动承载量都是有限的，因而游客数量需要被控制在一定范围内。除日常慕名而来的游客外，每逢宗教节日时，相关场所还需要接纳大批进香团。诸如武当山金顶、五台山南禅寺等更是任何来访者的必去之地，但它们的实际面积往往局促，在狭小的空间里还存在着金殿、古钟、香炉等珍贵文物。如若承受超载的游客数量，游客的任意行为都极有可能造成拥堵和文物资源的损坏，文物的安全隐患凸显。

二、针对宗教场所文物保护的四点建议

宗教场所是与广大人民同声共气的文物古迹，其价值综合而多元，不仅体现在巍峨的物质载体上，也体现在无形的精神文化里。因此，相关的文物保护工作要有"致广大而尽精微"的气魄，关注在旅游价值之外遭到忽视但宝贵的文物保护工作，发现工作中的问题，统筹各方力量加以解决。基于上述困境，我们主要可以从法规培训、资金调配、机构建设和制度设计四个层面提出建议。

（一）完善制度设计，制定宗教场所文物保护的针对性条例

制度缺位是宗教场所文物保护工作面临困境的核心原因。表面上看，似乎所有问题都是管理和人才问题，但相关问题的背后其实同时存在"文物保护意识淡薄""文物保护人才匮乏"和"管理系统混乱"等多个症结。其根源在于支撑宗教场所内文物保护的制度框架并不完全合理，它本质仍是结构性问题，对此便需要用调整结构的方式进行纠正。所谓"结构"，就是制度；所谓"调整"，就是设计。总而言之，当前制度设计工作首要目标，就是使宗教场所的文物保护工作得到制度依据和最优分配。

制度之治是最理想的治理模式，规则文明是最先进的文明形态。制度设计之所以重要，根本原因在于它能够在全社会范围内确立一种公开准则，从而引导实际行动、调度各类资源，推动各项事业的优化发展。在马克思主义的哲学观点里，制度属于上层建筑，其使命在于有效指导经济基础的发展与重构。当前所需要的正是上下协同且行之有效的制度规范，它们可以被用来指导宗教场所的日常事务、文物保护工作、宗教文物人才培养等各项工作，进而形成具有自我调节功能的良性系统。科学的制度设计一旦得以施行，必然能够带动其所涉领域的极大发展。具体而言，国家意志层面的大政方针、省市层面的地方条例和基层宗教场所的管理体系都是制度设计的重要侧

面，三者应当合力构建起立体可行的制度体系，全方位地实现对宗教场所文物保护工作的指导和管理。因此，有关学者和部门应当合作论证，为相关工作设计一套系统规范、科学有效、公平公正且可持续发展的制度。

（二）加强《文物保护法》等相关法律法规培训宣传工作

文物保护意识淡薄的根本原因是缺乏文物保护相关法律法规的基本知识，寺观宗教场所的人员群体以从事宗教活动的宗教人士为主体，其中大多数人并不熟悉文物保护的法律法规。因此，有必要针对该群体进行《文物保护法》等相关法律法规的培训，使其充分认识文物所承载的文化内涵和价值，在帮助相关从业者提升自身文化修养的同时，培养他们重视文物保护工作的职业素养，以期将文物保护、文化传承融入日常管理工作之中，进而提升宗教场所管理能力，在文旅融合背景下更好地服务于参观游览的民众。

（三）划拨专项资金，对宗教场所文物实施抢救性保护

文物是不可再生的珍贵文化资源，其价值具有不可替代性，一旦损毁将成为永久遗憾。宗教场所散存文物四处散落，少有合乎要求的保护环境，文物被毁坏的风险时刻存在。因此，有关部门应当投入专项资金，合理增加设施设备，打造保护文物的微环境。同时，职能部门应当对遭到毁坏的文物进行抢救性修复、防护处理，尽可能延长文物存世时间。事实上，包括宗教场所在内的文物保护单位，都应当在日常工作中把文物安全放在首要位置，聚焦文物保护的重点难点问题，加强精准管理，盘活文物资源，在保护中发展，在发展中保护。文物是文化的物质载体，只有守好"物"，才能发挥"透物见人见精神"的客观价值。

（四）成立专门的文物管理机构，积极吸纳文物保护人才

宗教场所往往是多部门协同管理的特区。因此，场所内的宗教、旅游、文物等部门需要加强沟通和协作，增设文物保护的专职机构并赋予其统筹领导的地位，打通各部门工作协调的难点。同时，领导部门还需要将宗教场所内文物的调查、研究以及保护修复等工作落实到个人，推动工作落到实处。鉴于文物保护是专业性极强的工作，宗教场所可以设立专职岗位，面向社会广泛招聘吸纳文博、考古和古建筑方面的专业人才，吸引他们投身于相关工作当中。

结语

古往今来，人是历史的主角，是空间的灵魂，文物保护的未来取决于人，宗教场所的可持续发展与人的活动息息相关。栖居在宗教名胜中的各类文物需要被人保护、由人利用、为人服务。目前，宗教场所的文物工作刚刚起步，路漫漫其修远兮，今后势必有更长的路途要跋涉，也有更多的困难要克服。但留存物质文化既非终点，更非文物保护的终极追求。真正重要的是中国精神文明建设水平的提升和人民作为文化主体的觉醒。这些嬗变将最终升华为对文化记忆的爱护和美好未来的追求，它们的意义远超宗教场所的文物保护本身，是人类文明中始终耀眼的进步之光。

（作者：庾华）

编后记

　　文物是不可再生的历史遗物，承载着灿烂的中华文明，传承了优秀传统文化，是发展教育、旅游、公共文化服务、文创产业等行业的优质资源。随着社会发展与公众意识的觉醒，文物的有效保护与合理利用得到了持续不断的强化。习近平总书记强调，要系统梳理传统文化资源，让收藏在博物馆里的文物、陈列在广阔大地上的遗产、书写在古籍里的文字都活起来。这不仅为文博事业指明了方向，也对文物研究提出了更高的要求。

　　由于功用特殊，寺观古钟仅有少数被博物馆收藏，多数仍散存于佛教寺院、道教宫观等宗教场所。全国性的寺观古钟调查尚未系统展开，区域性的调查成果目前仅见于北京、西藏等地，湖北境内的寺观古钟调查则发轫于中南民族大学民族学与社会学学院文物与博物馆专业同学们的社会实践。2018 年，15 级本科同学李书蓓对当阳玉泉寺元代铁钟进行了考察，16 级本科同学于红鹂对恩施州博物馆藏明代永宁寺铜钟进行了考察，中南民族大学文博专业针对湖北地区寺观古钟的调查由此开始。其后，自 2020 年起，20 级硕士研究生周保荣、宋灿云、苏雪三位同学对襄阳谷城承恩寺现存遗物进行考察，记录了该寺庙保存的三件古钟；21 级硕士研究生罗莹、雷欣畅、阳依霖、袁利四位同学则于 2022 年 7 月至 8 月，在湖北省佛教协会、道教协会等机构的支持下，分别在武汉市洪山区、黄陂区以及十堰、襄阳、随州、京山、钟祥、当阳、荆州、沙洋等地开展寺观古钟调研，收集了大量寺观古钟实物信息，包括古钟材质、尺寸、形制、装饰、铭文以及完残情况。尽管以上调研不能全部囊括湖北境内现存寺观古钟，但其所涉及的调查范围以及所收集的古钟数量已经相当丰富，为湖北地区寺观古钟的研究奠定了基础。

　　我与钟结缘始于 20 世纪 90 年代初。大学毕业后，我被分配到随州工作，到单位报到的第一天，就被馆长带着参观编钟。六年之后，再次回到北京读书，在和导师商量选择博士论文题目的时候，也脱口而出说想研究古钟。博士毕业不久，北京市文物局领导从专业人员对口的角度出发，将我从北京古代建筑博物馆调至大钟寺古钟博物馆工作。或许自那时起，我就被贴上"古钟研究者"的标签了吧。

与古钟相伴的岁月很愉快，一晃就是八年。期间我跟着同事去看过国内很多古钟，最难忘的应该是从陕西到甘肃的河西走廊寻钟之旅。陕西富县太和山顶、西安碑林、武威大云寺、张掖的鼓楼以及敦煌阴暗的洞窟里，我们不知疲倦地探寻、触摸古钟，乐在其中。此后我也获得机会参与了国际古钟研究者的学术研讨会，甚至被邀请去韩国、日本、荷兰等地考察古钟及铸造工艺。我至今仍记得静静坐在京都妙心寺殿堂一角的古老铜钟前聆听专家的讲述的美妙情景；也记得登上阿姆斯特丹钟楼，零距离感知西方钟琴时的心旷神怡；更难忘在荷兰皇家铸钟厂亲手将硬币丢进铸钟熔炉的那一瞬间，心中闪现的期盼。无数履历犹在眼前，因钟而起的缘分在我的生命里不断延续，让我的人生之旅充盈而丰厚。

离开北京十年之后，我庆幸我对古钟依然情有独钟，更庆幸的是有了更多年轻人像当年的我一样为钟"奔赴"。

最后，要感谢可爱而无惧困难的年轻人，感谢寻钟路上遇到的朋友们，感谢湖北省佛教协会、湖北省道教协会以及湖北省民族宗教事务委员会等相关单位领导的大力支持，也感谢中南民族大学民族学与社会学学院对我的包容。此外，还要感谢文物出版社许海意老师的鼎力相助，感谢南京大学在读硕士研究生高睿泽同学以及中南民族大学民族学与社会学学院博物馆专业硕士研究生王卓榕、陆愉欣、赵安玲、谭婷婷几位同学对本书的协助审校。

念念不忘，必有回响。

庾华

2024 年 6 月于法华居